美學課

周芬伶

自序　好難的美學

談到美學，一般人聯想到的大都與美學無關，如房屋廣告與文創工作者最愛濫用美學一詞，那是因為在臺灣美學研究可說是個空白，戰前不要提，戰後的臺灣至今沒有出過美學大家，只有美學翻譯與研究者，我們接觸過的美學家宗白華、朱光潛、李澤厚……都在對岸，對岸的美學研究比較上發達一些，余秋雨與章詒和都是作戲劇美學的，特重人物描寫與美感的追求，開闊度自是不同，遠一點的王國維已少人討論，姚一葦算半個，但也以翻譯為主，他晚年寫的一系列散文，既宏觀又富於深度，還有編寫的《美的範疇》是我學習的對象，夏志清很重要但不成系統，我的老師趙滋蕃在大學與研究所開有美學課程，又出過《文學與美學》文集，從他身上我學到文類與藝術特徵、人物刻畫理論、對話藝術、滑稽諷刺與喜劇、文學與美學……等，於我是美的啟發，他推崇雨果「美只有一種，但醜有千百種」的理念，又受托爾斯泰藝術觀的影響，強調內心的要求與頑強的生命力、人道悲憫精神，他自己以身作則，用生命力與醜之美書寫文學，令我嘗到美學的甜頭與苦頭——那就是美學好難。因為很難，讓我產生想寫一本易讀的美學手冊那樣的書，算是拋磚引玉吧！

最早提到美學的西方哲學家柏拉圖，在他所著的《大希庇阿斯》，可說西方最早的論美著作，一開頭說：「這問題（指美）小得很，小到不足道，但到辯論結束，才覺得問題並不那麼簡單。」蘇格拉底說：「我得到了一個益處，那就是更清楚地了解一句諺語『美是難的』。」

美是難的，因此才會人人都能感覺什麼是美，人人都可談出一套，許多人知道「什麼是美」，但很少人能回答「美是什麼」的問題。

美學即是系統性地整理美是什麼的問題，只是問題，而不是答案。因為美感隨時代變遷，以前人認為美的，後代人卻不以為美，如原始人以紋身裸體為美，禮教中人卻不以為美；以前人以為醜的，後代人卻以為美，如馬桶原是見不得人的東西，自從杜象將它當作藝術品之後，它成為藝術的重要元素。美與醜非但不是對立關係，反而是參照體系，醜也是美的一種，像這些討論美的本質與變異的學問，被稱為 Aesthetics，它源自希臘文 Oncotrnos，原是指感覺性的學問；現代學者認為是「研究美與非美發生的感覺情緒的學問」，它研究的是感覺與情感，恰恰與邏輯學相對立，它討論的範疇有幾個重點是我想談的：

一、美的主觀或客觀

二、自然美與藝術美

三、藝術創造的起源、進化，有無法則可循

四、類型學——各類創作的藝術特徵

五、藝術天才的特性及創作過程

六、美育——美如何進入大眾與生活

懂美學的好處因人而異；不懂美學造成的後果可以黑白美醜不分，文類不清，最可怕的是鑑賞力低落，及價值顛倒……，這是為什麼人多少都愛美，但大多數人不懂美，真正懂美的人可以見微知著，具有宏觀的視野，一個美學家經常路過一個市場，市場中有幾家賣花的，每種花插一桶像插香一樣，有一天花攤上擺出各種不同的花插與搭配，正爭奇鬥豔著，他回家馬上寫了一篇文章，預告一個文藝復興的到來。

這故事聽來有點誇大，但是當一個人懂得如何愛美，打扮與對各種美的追求，這絕對是一件好事。

我這樣說，並非認為我較懂得美，而是我從小愛美而不懂美，而成為美的膚淺者與勢利鬼，我愛美麗的人，因而忽略不美的人與內涵的重要；我愛美的時尚，卻成為過度的物質主義者；我愛美麗的植物，卻把雜花野草當死敵；我愛美麗的房子，卻沒注意它的實用性；我愛藝術，對哲學一知半解……，美學就是藝術哲學啊，懂點美學，對美的包容性與思想度加大加深，懂點美學，在閱讀與研究上更能抓住要點，掂出斤兩；懂點美學，在創作上，你能判別正在寫的東西重不重要，要向哪裡去索取靈感。

現在的文學界重理性而輕感性，散文還分出知性散文、感性散文，非虛構文類與虛構文類較勁，知識導向的閱讀與研究雖然能言之有序，卻不能通情達理，大家的感受性變差了，以自我為中心，無法體會他人的感受，有溝通障礙的比比皆是。我們需要是打開心靈，讓感覺進來，美進來。

再來是現在人不講格調與風骨，耍賤耍痞耍宅耍腦殘，痞與宅可能也是新的美感訴求，然而美最終的目的是追求人的完善，什麼是完善的人？是不失赤子之心，又能不斷超越的人。人的精神越是趨向於無限與永恆，他所獲得的審美愉悅也越深越大。黑格爾說：「審美帶有令人解放的性質。」它讓我們脫離肉身的束縛，而能與天地同遊，而能興起、興奮、興賦，「能興者謂之豪傑」。在此亂世中，我們期待的豪傑，不是政治的，經濟的，而是美學的。

我的美學課是從大自然中得到的啟發，小學時愛沿著水域探險，一面摘採植物，或水蓮或桑果，或山上或海邊。有次在山中聽到一群排灣小孩在溪中戲水唱歌，清亮高亢的歌聲震動山谷，我看呆也聽呆了，美麗的事物總令人呆：高三拚聯考時，到廟中讀書，搬張椅子坐到蓮霧樹下，多少個晨昏從書中抬起頭來，仰望天上的雲，覺得神的注視是那樣巨大，在我最憂鬱的時刻，我就想到那棵蓮霧樹與神的眼睛，在危急時分是美救了我。

美學有其感性的層面，然它也是一門純理論的學科，這也是它被認為「很難」的地方，因為它跟物理、化學、經濟等基於人類生活的需要而設的學科不同，它在意的是人生的根本問題、人生的意義，什麼是真善美、什麼是理想進行討論，它不能讓你得到一個專業工作，卻能讓你活出自己的風格，人一生下來就愛思考，嬰兒一學會說話就愛問為什麼？思考是人的本性，純思考都是同樣的問題，我喜歡這個，不喜歡那個，為什麼呢？這些問題更具普遍性，詮釋學大師就說：「人類最高的幸福就在於純理論。」因為「出於最深刻的理由，人是一種理論的生物。」

人類一思索，上帝會笑會哭，還是哭笑不得？前幾日到臺北，想順便去看一個素未謀面的臉友的策展，他邀請一干所有認識的臉友，我大概屬於那種被點名百分之百不會去的人，因為這個展很冷僻，地方又偏僻，我想打破那百分之百就去了，轉車兼迷路又問路，在山中一個小巷尾找到展場，是一間老房子，老式的門是兩片對開，油漆斑駁，門鎖著，敲門也無人應，看來正逢週一公休，我站在門口苦笑，一面想像裡面的布置與畫作，這樣的地點這樣的人，會展出什麼樣的作品，腦海自動拼湊畫面，我彷彿看見了，離開時竟無一絲惆悵。

人類一思索，上帝肯定哭笑不得。

目錄

輯四

美的批評與演變

輯五 美的生活

輯一 美的考古

從良渚、紅山文化的古玉多出自大中型墓葬可知，新石器時代玉器除祭祀天地和陪葬殮屍等幾種用途外，還有避邪，象徵權力、財富、地位等用途。這使得中國玉器一出場就帶有神祕色彩。

什麼，豬的傳人？

我收藏了一些紅山時期的豬龍，它們的造型很特殊，就是豬首蛇身成C形，有點像捲起來的蠶寶寶，眼睛誇張地大，很可愛，有些人叫「胎龍」，它的玉質通常很硬，賣骨董的說「硬邦邦，打不破摔不爛」，用力摔當然是會破，故宮收藏的豬龍，就有明顯的裂痕，我看到的紅山玉器不透的為多，上好的如膏脂，帶青的玉米黃顏色，很特殊。

紅山文化玉器誕生於新石器晚期，約五千年前。許多玉器淺埋於遼河流域、內蒙古東南部和河北北部。

豬龍的全盛期與黃帝相當，他號稱「有熊氏」，也有可能是熊首蛇身，可說是介於豬與龍的結合物，這說明在龍成為華夏的圖騰之前，存在著一個豬神崇拜的時期。豬龍的造型圓潤可愛，有沒有可能是女神崇拜的產物，是母豬神呢？彼時可能是母系社會，女神與女巫被崇拜，女神還幫黃帝打天下，直到商代女神與女巫的影響力還很大，從母系到父系，轉變期可能在商朝。

從甲骨文中可找到豬神崇拜的遺跡，例如「事」甲骨文如雙手舉長柄網捕捉豬或野豬之狀。而人的高低，也以豬事來衡定，如「敢」字，有徒手捉豬以示勇敢之意，那麼不能捉豬即膽小之人了。最有意思的，「家」就有廟的正室的意思。因為人是豬的子孫後代，人是豬族，所以就叫「家族」，大學上文字學時對家這個字特別有印象，原來屋頂下有豬就是家了，那些止戈為武，羊大（人）為美，多麼有意思啊，因此愛上文字學，還修了上古文字學。

這幾年大陸在討論中國人是豬的傳人，而非龍的傳人，黃守愚說：

豬有什麼含義呢？它是上古時代的豬靈生殖崇拜。雲南出土有人與野母豬性交的青銅器，內蒙古紅山文化遺存中發現的豬頭龍身玉雕，遼寧牛河梁女神廟遺址出土的豬頭神像，河姆渡文化遺址出土的陶豬等，都是新石器時代普遍存在著的豬靈生殖崇拜。豬靈是人類的祖先，是世界的創世主。它鑿破鴻蒙、開天闢地，正如《莊子．大宗師》所說的，「豨韋氏得之，以挈天地。伏羲氏得之，以襲氣母。」可見，豬靈崇拜遠在伏羲的蛇靈崇拜、葫蘆靈崇拜之前。

什麼？我們是豬的傳人？五千年前馳騁於山川原野，最凶猛的大概就是野豬，牠們的體型可能十分巨大，比現在的體型大很多，牠們勇猛善鬥，令許多動物畏懼，加以繁殖力強，可說是戰神無誤，戰爭時首領戴著豬頭、牛頭衝鋒陷陣，既然是神，喝牠的血壯氣也是自然，能獵捕野豬者為英雄，這跟現在臺灣原住民的習俗很像，古人的生活並非那麼難想像。

我收藏的豬龍，頭有鬣毛，嘴尖尖的，超誇大的眼睛，看它嘴上的皺摺，是寫實的豬，胖胖的捲曲身體，令我想到懷孕的蠶寶寶，最早的豬龍是否與生育與母豬神蠶神崇拜有關？它慢慢演變成馬頭（龍頭）蛇身，由寫實變抽象，再來是C形龍，再來才是「玦」，豬逐漸退場，那是夏商周以後的事了。

因為豬是神聖的象徵，史上出現許多以豬為名的人。在「二十五史」中，取名字為豬的數都數不清，如《史記》中有叫「陳豨」的人，就是陳豬囉；而漢武帝原名「劉彘」，也就是叫「劉豬」，後來才改名為劉徹，《晉書》記有叫「陳豬」的人，也有叫「孔豚」的人，《陳書》記有叫「傅野豬」的人，《魏書》記有叫「薛野豬」的人，《舊唐書》有叫「李豬兒」的人，唐中宗李治小名「彘奴」，皇族也叫豬豬？《金史》記有叫「完顏豬兒」的人。這麼多豬豬，可見在古代人心目中，豬是聰明、智慧、威儀、剛烈、勇猛、繁殖力的象徵。甚至於還把人比喻成豬，力氣很大，如《北史．盧曹傳》說：「（盧）曹身長九尺，鬢面甚雄，臂毛逆如豬鬣，力能拔樹。」古人愛留毛鬍子是不是扮演豬呢？豬鬣看來是雄武的象徵。隨著豬被馴養，體型變小變圓，在小說中豬八戒不僅可愛，也是五聖者之一。

從龍的傳人到豬的傳人，改寫我們的美學觀點，一是豬不僅不醜，還是我們的老祖宗與聖物，小時候在鄉下，有人獵到山豬或黑熊都鎖在鐵籠子中，野豬的體積大，毛長，嘴尖尖，在初民的洞窟畫中，一般都是獵捕野牛，看牠們都是短腿，會不會有豬在其中呢？

豬被豢養馴服之後，變成好吃貪懶的代名詞，在吳承恩的《西遊記》中，他寫活了豬八戒，這個半豬人，除了貪懶好色，他也是搞笑又可愛的人物，每當遇到妖魔鬼怪，他就大喊「散夥！散夥！」，當孫悟空自誇自大時，他回「不羞，不羞！」，他像是兒童故事中的人物那般可愛生動，怪不得能進入民族中臉譜長廊，我們也別忘了，中國人愛豬，我們也是豬的傳人。

什麼時候才變成龍的傳人？黃帝之前就存在女媧氏和伏羲氏為人類祖先的傳說，在描述中他們都是人頭蛇身，蛇可說是龍的前身之一。如聞一多先生就說「所謂龍者只是一種大蛇」，「龍的基調還是蛇」，他還認為在後世石刻和絹畫中常見的伏羲、女媧人首蛇身形象，可能就是龍圖騰的最初雛形。

考古出土的材料也證明，在中國古代，的確存在著一種將鳥與蛇合二為一的動物圖案——鳥蛇組合。因此，從單一的鳥或蛇的圖騰神話傳說、圖騰徽章標記，到鳥蛇合二為

我收藏的豬龍（正反面），頭有鬣毛，嘴尖尖的，
超誇大的眼睛。

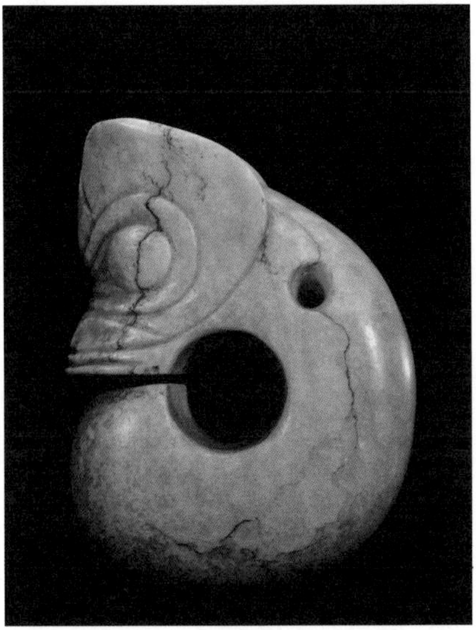

慢慢演變成馬頭（龍頭）蛇身，由寫實變抽象（上圖）。漸次演變，最後成「玦」（下圖）。

一的神異記載、圖案樣式，無論是文字資料，還是出土實物，都表明，在歷史上人們將鳥蛇結合為一體，並創造了相關的神異傳說故事、製作了相應的組合圖案。

在歷史的發展中，各部落的聯合是個關鍵，特別是炎、黃二帝在保定以北勢力聯合後，各部落紛紛加入到種族大融合中，各族的圖騰也紛紛加入，豬龍是一個開始，然後添枝加葉，變成複雜的組合形象。

當馬圖騰部落加入進來，就在蛇頭上加馬頭，鹿圖騰部落合併進來，就在馬頭上添鹿角，魚部落進來，就在蛇身上增魚鱗。

於是龍身上綜合體現了多種動物的特徵：如獸足、鳥尾、山羊鬍子、鹿角、魚鱗。龍的形成過程就是民族團結統一的過程，這種民族大融合到唐堯時基本完成，確定了龍這一形象。

根據《竹書紀年》記載：堯生在伊祁山（在保定市西南四十公里的順平縣境），聽說堯在慶都出生時常有黃雲覆其上，及成年常有龍隨之……既而陰風四合，赤龍感之有孕，十四月生堯於丹陵（即伊祁山）。

這就說明赤龍族當時就棲身生活於伊祁山附近，更加深了龍與中華民族的血肉關係，也說明龍的傳人在堯時已為世人所共認。

在這當中鳥圖騰也很重要，它與太陽崇拜有關，也跟另一支與華夏相對的楚文化有關。傳說中的三足烏，原本就是「日中陽烏」，如今出土文物中的許多鳥圖騰，也與太陽刻畫在一起。四川金沙「太陽神鳥」金飾就是四隻神鳥圍繞太陽旋轉飛翔的造型，取其光照四方之意。對太陽和鳥的雙重崇拜，也促生了中國文化另一重要形象——鳳凰的誕生。中國歷史上最著名的鳳凰崇拜族群是楚人，大量楚國文物上都有精美的鳥形雕飾或圖案。《白虎通・五行》記載：楚人的祖先祝融，是代表太陽的炎帝麾下掌管火的神靈，「其精為鳥，離（太陽）為鸞」。由是可知，在楚人眼中，鳳凰與太陽是他們祖先的化身，而對這兩者的崇拜都來源於鳥圖騰信仰，它們也是組合圖象。

更重要的是熊圖騰，它不僅是黃帝所在部落的姓氏，還是傳說中中國歷史上第一個王朝——夏的信仰。史載「黃帝有熊氏」，「本是有熊國君之子」。早就有學者提出，上古部落的姓氏往往淵源於圖騰名稱，若果真如此，黃帝所在的有熊氏，自然也與熊圖騰有著千絲萬縷的關係了。還有目前被認為是夏文化遺存的二里頭遺址出土銅牌上的饕餮紋，也有學者認為就是熊，這些都說明了熊在夏文化中的地位。

但這也許還不是熊圖騰的最早起源。在比黃帝早一千多年的紅山文化的祭祀儀式裡，就已經出現了熊的蹤影，我看到的紅山玉就以熊、神人、怪獸（組合獸）為最多。牛梁河遺址的女神廟中，考古人員曾發現真熊的下頷骨和泥塑的熊頭、熊爪。此外，在附近的其他新石器時代遺址中，也出土過人工塑造的熊像殘件，並且這些熊的形象都是和女神形象相對應。我們從此可以想像一個女神崇拜時期，眾多女巫對著熊神跪拜，直至女神與熊神退場，剩下女巫群。

在龍、蛇、豬、鳥、熊中，臺灣跟哪隻血源最近？我認為豬較接近，熊文化離我們太遠，鳥文化也許一點點，原住民有山豬之崇拜，臺灣人愛豬吃豬，也喜歡笑罵人「你豬喔！」、「你個豬八戒」，把兒子小名叫豬豬的也很多。小時候鄉下家家戶戶幾乎都養豬，連街上的商家也不例外，過年第一件在豬槽貼春聯「六畜興旺」，拜拜時一定有大豬公比賽，得勝者為豬神，祭拜後只有頭人可以分豬肉，然後煮成好吃的爌肉。我們跟豬生活在一起真的非常久非常親，說是豬的傳人不為過。當然這都是帶笑的猜測。

石頭記一

越早的玉越不漂亮，不是我們想的那樣，真的比較像石頭，不過就是有顏色，大多不透明，較透的和闐玉是較後來的玉材。

中國玉的文化分三大系統，分別是遼河流域的紅山文化、長江流域的良渚文化，以及黃河流域的齊家文化，它們與巫文化有密切的關係，都在新石器時期。

良渚玉器多方形的玉琮，獸面紋、神人獸面紋飾尤其特殊，紋飾由簡到繁、由粗到精，很注重對稱美；玉璧多為素面，雕琢粗糙；從可見的文物中顯示紅山文化較少見方形玉器，而以動物形器和圓形器為多，可說是圓的藝術，看來飽滿圓潤，較典型有玉龍、玉獸形飾、玉箍形器等。紅山文化琢玉技藝最大的特點是，玉匠能巧妙地運用玉材，把握住物體特點，寥寥數刀，把器物的形象刻畫得栩栩如生，十分傳神。「神似」或「寫實」，也就是刻得很像，這是紅山文化古玉的特色，像之前的豬龍即是。

在玉材上，紅山文化玉器以產於遼寧岫岩玉為主要材質，大多不透，有也是半透，很少有全透，介於石頭與玉；良渚文化玉器以淺綠色、帶有雲母狀閃亮斑點的透閃石為主要原料，以不透為多，較接近石頭；而齊家文化玉器的材質中，不僅發現有黃河玉、青海玉，大量的馬銜山黃、白、青玉，還出現精美的新疆和田籽料製作的玉器；玉質透明瑩潔，可見齊家文化時期的玉在玉材上的先進。

早期的玉較接近石頭，是一種法石的概念，顏色五花八門，怪不得女媧煉的是五色石，女神與石頭的崇拜造就玉的文化，說起來巫的崇拜，跟女神崇拜有關，所謂的獸面紋是否是神人？而且是女神？初民不管崇拜的是組合獸、神面獸面，玉琮，一是對天的崇敬，一是對生育與生命力的崇拜，當然它也是配飾，大概只有王與巫能佩戴。

玉璜是最早的一種玉佩飾，它起源於虹的自然崇拜，古人以為虹是一種動物，兩端為頭，以其出現的時辰早晚或東西南北方位來判定祥兆或凶兆。玉璜的形狀分為兩類，一類為半圓形片狀，圓心處略缺，形似半璧。《說文》釋璜：「半璧也，從玉黃聲」。另一類則為較窄的弧形，兩端打孔，穿上繩繫，掛於胸前。而大多是視玉材而製璜，如可解二、三、四、六片璜後，可合兌成一璧或環，也就是組合項鍊：有兩合璧、三合璧、四合璧、六合璧。此類器型，僅見於齊家文化玉器中。

從良渚、紅山文化的古玉多出自大中型墓葬可知，新石器時代玉器除祭祀天地和陪葬殮屍等幾種用途外，還有避邪，象徵權力、財富、地位等用途。這使得中國玉器一出場就帶有神祕色彩。

玩石頭或找漂亮的石頭大概是古人遊戲的一部分，就像海邊之人愛撿貝殼一樣，不同的是，貝殼各有各的美，有很長一段時間還被當作貨幣使用，在商晚期婦好墓中的陪葬品中有許多貝殼與玉石，也就是當時的金銀珠寶了，現代人來看不過是一些破爛，石頭大部分是醜的，尖銳的磨成工具或武器，偶爾撿到稍好看的就是寶物了，所以說玉與石頭不分，石之美者謂之玉，所以只要漂亮都是玉，寶石與半寶石都是玉，《說文》中有六十幾個玉字旁的字詞，如璿、琳、瑾是美玉；球、璐是玉也；還有瑰、琚是石之似玉，也就是看來像玉的；另有瑀、玲、琇是石之次玉，這是玉的次等貨；真正的美玉就多了，如琨、瑤、瓊……它們到底都是些什麼？松綠石（琅稈）、青金石（璆琳）、瑪瑙（瓊塊、火玉）、水晶（水玉）、白大理石（漢白玉），看起來都不怎麼樣啊，就算藍田玉也不是學名上的真玉，可能是綠松石，俗稱土耳其玉，只因它的顏色像蔚藍的天空色。

天空色應該是古人眼中最美麗、最崇高的顏色，不管是天藍、天青、天白都是神聖的顏色，要找到類似它的，要到新石器時代，角閃玉（nephrite，俗稱軟玉）、輝石（jaderite，俗稱硬玉或緬甸玉）才真的躍上舞臺，其中角閃玉獨霸兩、三千年，輝石要到明代才漸漸出風頭。新石器時期出土的玉器大多不是當前國際公認的陽起石一類軟玉，而是蛇紋石種，亦即文化觀念上的玉石，也就是廣義的「美石」，較接近石頭，而非我們現

田黃

田黃凍石

白田與田黃凍石

在概念中的羊脂玉或翡翠。這一時期出土的玉器材質種類繁多，岫岩玉、獨山玉為這一時期的主要玉材。

商代才開始將玉器作為貴族的財富象徵，玉為封賞、為貴族器用品，隨著儒家思想的深化，形成「六瑞」、「六器」體系。在《周禮・春官・大宗伯》中「以玉作六器，以禮天地四方：以蒼璧禮天，以黃琮禮地，以青圭禮東方，以赤璋禮南方，以白琥禮西方，以玄璜禮北方」，天子以玉器對天地四極進行祭祀，祈禱國家安定，社稷平安。而「六瑞」為「以玉作六瑞，以等邦國：王持鎮圭，公持桓圭，侯持信圭，伯持躬圭，子持谷璧，男持蒲璧」，以圭、璧兩種玉器，通過官制的高低分出六器，民歌中經常以玉作為美好事物的代表象徵。如《詩經・國風・周南》所說：

> 投我以木瓜，報之以瓊琚。匪報也，永以為好也。
>
> 投我以木桃，報之以瓊瑤。匪報也，永以為好也。
>
> 投我以木李，報之以瓊玖。匪報也，永以為好也。

這其中的「瓊琚」、「瓊瑤」、「瓊玖」均是當時對「玉」的美稱，此外「白圭之玷，尚可磨也；斯言之玷，不可為也。」（《詩經・大雅・抑》）「淇水在右，泉源在左。巧笑之瑳，佩玉之儺。」（《詩經・國風・衛風》），並以玉象徵著君子之德。

詠玉的詩非常多；石頭的故事與小說也不少，女媧、精衛填海、《碾玉觀音》、《西遊記》……，最著名的當屬《石頭記》，這裡面不只寫玉，還有各種石頭，可說集石頭之大成。

玉的文化到明清開始有了轉變，一來是緬甸硬玉漸為人所喜愛，一來是南方福建的壽山石成為文人雅士新寵，古人書寫作畫時都要用印落款，有時一張畫上好多用印，凡拿筆的無不愛印石，彼時壽山石已一石難求，尤其是田黃與凍石，所謂「三兩黃金一兩田黃」，一兩不過十八公克，一方印章動輒百克，文人瘋印石，玩石頭，皇帝更好此物。《紅樓夢》原名《石頭記》，說明它是有關石頭的故事，除了開頭那刻滿文字的石頭，玉是一個重點，壽山石亦是一個重點，它的顏色更多采多姿，把玩更富於變化，所以說它寫三種石頭，女媧石、佩玉、壽山石，但一般忘了南方崛起的壽山石，其中最珍貴的是凍石，指的是通透如冰的珍品。

《紅樓夢》提到凍石的有：海棠凍石蕉葉杯、墨煙凍石鼎、蠟油凍的佛手。賈母什麼東西沒見過，就對凍石情有獨鍾，蠟油凍疑是田黃凍石，田黃已夠珍貴，而且都小小的，能雕為佛手想必非常大，以現在一克一萬元來算，五百克就五百萬以上，再大找不到了，蠟油形容其色如金黃蠟油，想必金澄澄：

賈璉未語先笑道：「因有一件事，我竟忘了，只怕姐姐還記得。上年老太太生日，曾有一個外路和尚來孝敬一個蠟油凍的佛手，因老太太愛，就即刻拿過來擺著了。因前日老太太生日，我看骨董帳上還有這一筆，卻不知此時這件東西著落何方。骨董房裡的人也回過我兩次，等我問準了好注上一筆。所以我問姐姐，如今還是老太太擺著呢，還是交到誰手裡去了呢？」鴛鴦聽說，便道：「老太太擺了幾日厭煩了，就給了你們奶奶。你這會子又問我來。我連日子還記得，還是我打發了老王家的送來的。你忘了，或是問你們奶奶和平兒。」平兒正拿衣服，聽見如此說，忙出來回說：「交過來了，現在樓上放著呢。奶奶已經打發過人出去說過給了這屋裡，他們發昏，沒記上，又來叨登這些沒要緊的事。」賈璉聽說，笑道「既然給了你奶奶，我怎麼不知道，你們就昧下了。」平兒道：「奶奶告訴二爺，二爺還要送人，奶奶不肯，好容易留下的。這會子自己忘了，倒說我們昧下。那是什麼好東西，什麼沒有的物兒。比那強十倍的東西也沒昧下一遭，這會子愛上那不值錢的！」

凍石為一種可作印章和工藝品的石料。俗稱蠟石。其質地細密滑潤，透明如凍，故稱之。

在回目中提到凍石的至少有三處：

第三十八回：黛玉放下釣竿，走至座間，拿起那烏銀梅花自斟壺來，揀了一個小小的海棠凍石蕉葉杯。

第四十回：（賈母）吩咐道：「你把那石頭盆景兒和那架紗桌屏，還有個墨煙凍石鼎，這三樣擺在這案上就夠了。再把那水墨字畫白綾帳子拿來，把這帳子也換了。」

第七十二回：上年老太太生日，曾有一個外路和尚來孝敬一個蠟油凍的佛手，因老太太愛，就即刻拿過來擺著了。

有關石頭的象徵已有許多研究，大體而言靈石（即榮格說的「法石」）的神話在中國特別發達，從精衛填海到女媧以五色石補天，有關靈石的神話特別多，孫悟空是從石頭蹦出來的；《紅樓夢》的故事起緣於一塊石頭：

原來女媧氏煉石補天之時，於大荒山無稽崖煉成高經十二丈、方經二十四丈頑石三萬六千五百零一塊。媧皇氏只用了三萬六千五百塊，只單單剩了一塊未用，便棄在此山青埂峰下。誰知此石自經煅煉之後，靈性已通，因見眾石俱得補天，獨自己無材不堪入選，遂自怨自嘆，日夜悲號慚愧。

這塊石頭變成美玉，美玉與石頭的區別，恰是文化與原始對立統一，它們有時分開，有時合而為一，玉是通靈的，石頭還變成人與小說呢！作家的主要文學象徵與微言大義都在裡面了。

說瓷

談到瓷器，一般把它當工藝品，認為沒有什麼藝術價值，或者說：「現在吃飯用的碗盤留下來，以後就進博物館啦！」或者說：「骨董花瓶，我家很多，都摔破了！」聽到這些話讓人頻翻白眼，真是夏蟲不可語冰。

銅器、玉器與瓷器這三樣東西在中國是禮器更是寶器，與其他東西不可混談，銅器不燒之後，玉器與瓷器取而代之，玉說過了，現在來談瓷。你敢說秦俑沒有藝術價值？或宋瓷只是工藝品？那為什麼汝窯出國展覽，引來這麼多文藝人士反對，在博物館學中，汝窯與米開朗基羅、達文西同列一級展覽品。為什麼？「道器合一」的美學體現啊，宋五大名窯把古人的美感都灌注在瓷器中，它追求「色如天，薄如紙、明如鏡、聲如磬。」這些東西當然不是吃飯用的，宋以前的瓷與茶道或明器、祭祀有關，它是作為銅器的替代品，銅器是祭祀用的，所以古瓷都以銅器的造型為主，追求的是玉的質感，與接近天空的顏色，又要敲得好聽，它有時拿來祭拜天地，有時作為皇族的陪葬品，這些東西數量很少，非皇族不得一見，連官宦人家都難能一見，縱然有也是價值連城，怎麼還會堆在你家等你摔破。再說不論誰家的飯碗，放多少年也很難進博物館，皇家用的都不能，飯碗都是大量燒，而且明擺就是吃飯用的，簡單而不考究，考究的就用金碗、銀碗、玉碗了。故宮看到的那些宋以前的碗都是茶碗，跟茶道有關，茶碗在當時的名窯器就是有錢也難追的名物，或者是筆洗等文玩，大多是把玩用：宋以後的青花、彩瓷算是器用了，可永樂皇帝用甜白瓷造佛塔以追思慈母，可見只有瓷才能與神聖相連，否則為什麼會有壺神崇拜？成化鬥彩在當時就價值連城；而清三代的古月軒瓷或琺瑯瓷是把玩用的，只有皇帝才能擁有，燒不好是要砍頭的，會燒瓷的可以作宰相，如唐英等人，瓷在中國就不只是工藝品。

當然我不是鄙視民用品，美好之物都來自民間與現實生活，燒出逸品就被納為官有，從來好的瓷土都被官府圈住了，因此民窯與官窯本質上就差很多，民窯逸品如吉州窯、磁州窯，在當時就難得，更不用說現在。薛寶釵房中有只土定瓶插菊花，就很雅，所謂人淡如菊，人止則靜，能靜則能定，取其人「淡定」。土定就是民窯定器，薛家富貴無比，她家多的是官窯，但她就是要別出新裁。連曹雪芹與日本韓國人都懂瓷器，我們能不懂嗎？

出現在大觀園的瓷器以宋器為多，妙玉給一般人用明初甜（填）白，給劉姥姥用明成化蓋鍾，喝體己茶時用的都是宋器。宋瓷在當時就是美的高標，為何？因為其中汝、鈞成於藝術家皇帝徽宗之手，都是文玩小件，古時文人寫字畫畫，用什麼文玩很重要，要看品級從此下手，鈞窯是窯變之物，帶有紫或紅斑，用來做什麼呢？養珍奇之花。官、哥、定都以月白為美，茶碗是有的，絕無飯碗。宋五大名窯除了定窯之外都是寶石釉，其釉水是祕方，難以複製，所以才珍稀。

中國瓷器燒造歷史非常早，跟祭祀、器用、建築有關，傳說堯就是一流的燒陶家，會燒陶就能製瓦作磚，它跟建築關係密切，因此殷人會築城，愛搬遷，武丁少時就是建築師，被父親叫去蓋宮室，因此認識許多豪傑，看人很準，知人善任，所以能中興王朝；所謂秦磚漢瓦，就是秦人很會燒磚，連長城都燒得出來，地上鋪磚，比鋪柏油還堅固，交通更為便利，依此建立四通八達的帝國：漢人燒的瓦非常巨大，古人處於象徵時期，以體積大為美，方尖碑、金字塔、阿房宮都很大，用的瓦片自然大，瓦當上的雕刻圖案最大的有小圓桌一樣大，雕的都是白虎青龍之類，瓦片燒這麼大，又要上花，難度很高，這是為什麼瓷器在中國出現得這麼早，跟燒窯技術發達有關，漢代出現的原始瓷，以草木灰為釉水，燒出來灰灰綠綠，並不好看，彼時銅器太昂貴，因此燒出這類似銅器的東西作為陪葬用的明器，漢陶大多是綠色，也就是青銅色。魏晉茶道興起，杯盞以越窯為上，越窯是翠綠色，還帶點灰色調，要到南宋龍泉才燒出漂亮的梅子青，這顏色的追求艱困而漫長，至少花了五、六百年，古代文人講究喝茶，尤其是與修行結合的茶道，每人都只用自己收藏的名物，鬥茶不只在茶，還要鬥茶碗，茶碗的欣賞是茶道中非常重要的一環。

到了宋代，美學以玄素為美，與瓷器的靜定與素淨頗為相應，所謂道，就講個「相應」，人與茶的相應，可以行氣，以利打坐，道與器相應，可以參悟；人與茶碗相應，可以引發美感，文人喝茶遂成風氣，但有一只素玄之名物，便可在茶會中領得風騷，那是文人茶的時代，也是瓷的第一高峰。

明代朱元璋改團茶、點茶為茶湯，傳統的茶道失傳，點茶是用茶碗將茶末泡為茶湯打出泡泡，過程很繁瑣，各個環節都講究，加以團茶昂貴，非一般人喝得起，改茶湯後，小壺小杯喝茶，這是功夫茶的起始，所以瓷器小杯變多了。至於明青花大器為多，一來受中東影響，貿易瓷越花越好，明初宮中還是以素白為美，甜白瓷是此時的代表，這是如糖霜的白，不像定瓷白中帶黃；影青白中泛藍，這時真正的白瓷才產生，然它並不單調，通常刻有暗花為飾，燈光下美死人，其他素色瓷如祭紅、霽藍、豆青都燒得很好，宣德皇帝的蟋蟀罐是青花，大多是龍鳳圖案，我猜花果圖案的大器是貿易瓷，龍鳳紋小器才是宮中所用，素色瓷也都以龍鳳為紋，連喝牛奶的蓮子碗也是小小的，蓮子形的小缽，碗底還有個尖，很可愛。我曾送給一作家朋友一只，她大概覺得送碗很怪，回說：「等我破落時，就用這只碗去沿門托缽。」我啞然失笑，這樣一只碗在拍賣會上是寶呢！

瓷器越小越珍稀越難燒，越大就越是粗用品。連文人都不懂茶與瓷器，我覺得好孤單。收瓷的都是大老闆生意人，越大越好，怎麼是這樣？

明青花為何屢屢拍出天價？尤其是明初洪武、永樂、宣德？因彼時的官土特別瑩潔，燒出來有玉的質感，釉又是中東進口的蘇麻離青，發色是寶石藍，而帶有深色斑，如此層次鮮明，圖案又是一般人喜愛的花果圖案，自然受到西方人喜歡，一般看到的都是大器，我覺得是貿易瓷，這是瓷的第二高峰。

這些官土與釉，到明中期就絕了，成化胎質還好，之後就越來越粗，大缸大器越來越多，此時的瓷器才淪為一般器用。

清三代皇帝是藝術家皇帝，也是收藏家，他們愛宋器、古器，廣開獻寶之路，如今故宮收藏如此豐富應拜他們所賜，他們的美學與生活多少顯現在《紅樓夢》一書中，有什麼樣愛美的時代，才有如此愛美之書。康雍乾同時是燒造家，燒出滿族喜歡的五彩繽紛，與中西混雜風，這時的官土絕佳，燒出的瓷器簡直像寶石般晶瑩剔透，越小的瓷器越難燒，也越珍貴，一只小杯上了十幾種顏色，人物動物栩栩如生，連毛髮都根根分明，如何做到？用放大鏡畫出來的，越小越難畫，人物又比動物難，所以一般大器都是規矩花，小器尤其是文玩小件，畫工之精湛令人驚歎。一只小洗上有畫有字，是瓷器結合書畫藝術，焉能不珍貴，這是瓷的第三高峰。

燒瓷要動用窯工、作坊、畫工無數人，耗費的金錢與人力浩大，乾隆晚期瓷器已走下坡，此後只有以實用為主，不再創新，因此漸漸被西方瓷器比下去，要看清瓷只有清三代。

像這樣的東西《紅樓》就沒有，因為它是託古之作，這些東西太現代，也太犯規了！妙玉鄙視明瓷，因為寫的是明，當代物不稀罕。妙玉喝的是文人茶，講究的自然是點茶道的優雅，水雅、杯雅、人雅，所以不能完全怪她龜毛。

《紅樓》中的瓷器以宋瓷為主，王夫人有汝窯、探春有官窯、汝窯，薛寶釵有定窯，黛玉沒有，應該是她不喜歡，寶玉用的是民窯影青。

說起來我最早看到的骨董瓷器是南宋影青大碗，是妹妹婆家那邊的親戚所收藏，但見薄如蛋殼的淡藍色笠形碗，放在燈下，光滑的外圍透出內裡的刻花，那時什麼都不懂，內心卻發出驚歎，好東西！

後來買到一個影青梅瓶，圓渾的肩膀，修長的瓶身，釉色淡藍中帶綠，上刻龍鳳紋，為影青極品，後與好友交換明青花大缸。好友亦雅人，虔信密宗佛教，拿來供佛，常看她買素白的花，供在佛前。花雅瓶雅人雅，所謂一片冰心即是。

寶玉的房中擺的是影青聯珠瓶，聯珠瓶是幾個一樣的瓶子連在一起，有三聯、四聯、五聯、六聯，像玩具一樣。不但造型可愛，也象徵其人正邪兩面，神魔一體。這樣奇特的瓶子插什麼好？桂花。可見作者不但懂瓷器園藝，還懂插花藝術。什麼樣的人、用什麼樣的瓶、插什麼樣的花。影青配桂花，雅極，其香濃郁，暗示寶玉愛聞香惜香的個性。寶玉折桂花時，想到孝敬老人家，親自把聯珠瓶拿下來，灌水插，送一瓶給祖母，一瓶給母親。老太太喜得不得了，見人就說：「到底是寶玉孝順我，連一枝花兒也想得到。別人還只抱怨我疼他！」寶玉從未送花給女孩，他送手帕給黛玉，送荔枝給探春，送扇子讓晴雯撕，就是不送花，因為花太平常，只宜送給長輩表示孝心。中國插花講究自然，只單一種隨意插，不講究多樣搭配；這跟日本花道擅修剪，西洋花藝重搭配不同。一派渾然天成，多好！

《紅樓夢》一書不但講究瓷器，也講究用具，寶玉的纏絲白瑪瑙碟子，襲人想用來給湘雲盛東西送去，卻發現不見了，晴雯笑道：「給三姑娘送荔枝去了，還沒送來呢！」襲人不是小氣的人，可這盤子想來珍罕，瑪瑙多是紅的黑的，白的真沒見過。她說：「家常的傢伙多著呢，巴巴兒的拿這個。」晴雯回：「我也這麼說，但只那碟子配上鮮荔枝才好看。我送去，三姑娘也見了，說好看，連碟子放著，就沒帶來。」可見是晴雯主意，她不識字，卻懂得美，想想鮮紅的荔枝擺在白瑪瑙碟子上，嬌豔欲滴，連顏色都活起來了。

另外碧月用大荷葉式的翡翠盤子，裡面養著各色折枝菊花，真是繁華如錦，富貴勝花，黃金鶯編花籃打絡子，小姐們個個爭著要。這裡面蘊藏著古人對美的概念，不管是設色、搭配都令人神往。

輯二

美學與文學

當閱聽人成為大眾，出版品越來越小眾，我們需要的文學要不是純度就是含金度。寫實或寫虛都不重要，小說最難的不是寫實或寫虛，而是虛實相生，還要不失詩意。過度寫實喪失詩意；過度寫虛，喪失情節與誠意。

美的穿越

古人追求的美或許已成為過去，今人的美會是什麼呢？我們的文學會走到末路嗎？可有起死回生的可能？回生的契機在哪裡？

未來學教授博伊爾對近五個世紀的特性進行研究，發現每個世紀的第二個十年的中期都有重大事件發生，也就是一五年左右，而這些事件決定著整個世紀的性格。他還說該事件將決定在未來的幾十年中，人類將享受和平與昌盛，還是忍受戰亂與貧窮？上個世紀是一九一四的一次世界大戰與現代藝術與美學的反動。博伊爾教授說：「可能這個事件會與二十世紀初的一九一四年到一九一八年間發生的事件相當，但希望不是如此的災難性。也可能最後的結局會給二十一世紀帶來更多繁榮。」如今來到關鍵性的第二個十年中期，從太陽花革命到雨傘革命，以及層出不窮的恐攻事件正考驗著我們的耐心、智慧與鬥志。

二〇一六年一開始，臺灣第三次政黨輪替，選出第一位華人女總統，這意味著什麼？大家都知道這裡的性別意味不是最大，弱勢的意味更大，也就是原來在民進黨中的「南部女性」走向中心，其導火線是十六歲少女的臺人韓星被迫承認自己是中國人，而且只有一個中國，這被強權霸凌的照片一刊登，讓居於弱勢的首投族站出來，用選票對抗強權，弱勢拚出頭，第三勢力也不可小覷，邊緣的反撲，恐怕未來會越演越烈。

然而弱勢的美學會是什麼？也許將逐漸明朗，數位化、協同化、分享、反向操作、自我改進……這些都會成重要的名詞，把美學與網路或電腦聯結，從免費分享到薄酬共享，鄉民協同創作與行動、從無希望中創造希望、把錢投資在自己身上以加強裝備……，形成某種「神能」，或是具有新人文與新世界公民的素養，在這裡美學力將居關鍵地位。

在這當中「女力」與「美力」的結合，柔性文化會再擴大，跨性別、跨領域之跨度更自由，冷靜、靈性、批評、分析的能力將得到強調，臺灣活力從北部翻轉到南部，為何？因為美學力即時代的生命力與風向球。

賈伯斯（Steven Paul Jobs, 1955-2011）創辦蘋果電腦展現他的美學力，安藤忠雄以清水模建築改寫美的觀點，《瘋狂麥斯》與《英雄聯盟》的古怪組合人物或團體展現非凡生命力、非男非女、亦男亦女的「女巫」重現，那是一個新的騎士年代，有詩的狂飆、影像與多媒體的組合，在這其中文學將扮演什麼樣的角色？我是在算命嗎？非也，而是美學與時代共舞，有什麼樣的時代就有什麼樣的美學。我們面對的是重建的時機：

重建的路途如此漫長
踏上瘋狂麥斯的旅程
只為尋找水源
沒有一個人完整
斷臂沙莉賽隆
大戰電吉他重組魔王
黃沙蒸騰
每個人乾得像烤鴨
緊握手中的發芽種子
殺出一條生路
喔，我不忍心看見塞琳娜的腳
百條小白蛇亂竄
這一切神都看見
當純白天使來臨
我們重獲綠洲
聖水洗刷傷痛

文學的美學是談論文學的共通法則與藝術哲學，文學與美學的交集是文字力與心靈力；文字無法被取代，在一個輕飄飄的年代，更需要精細、精進的心靈。當我們拋棄出版品，臉孔湊近電腦螢幕，而且越來越近，我們一面看著新聞或影片，一面使用文字留言或評論，那些快速寫下的文字，跟文學也許無關，但跟美學有關，就以PPT出現一首預言藍敗的李商隱詩為例：

錦瑟無端五十弦，一「弦」一「柱」「思華」年
莊生曉夢迷蝴蝶，望帝春心託杜鵑
滄海月明珠有淚，「藍」田日暖玉生煙
此情可待成追憶，只是當時已惘然

雖是網路上的戲言，裡面的字像是讖言一般，鄉民的留言是「推」、「神回」、「太有才了」、「唐詩也推背」……，這樣的古今互動，前提是那首詩，貼文的人能讀也會讀詩，然後是歪解與回應，這種「穿越」也只有網路能為之，然而還是脫離不了文字。

網路歷史僅二十年，創造出多少新名詞與新玩意，然網路有多少惡意與負面能量流竄，製造多少暗黑勢力？你玩五年不知道，玩十年還能不趕快抽身嗎？我們還是要回到本

質，網路只是一個溝通的媒體或媒介，要強化或端正自己，只能利用它，而不被它利用。那就是找回屬於自己的文字與語言。

語言，說話與溝通的藝術被我們丟棄太久了，一個人一旦不說話他就停止動腦，一旦要說話，就需要邏輯訓練，我面對的宅男女，要不不說話，要不話多到爆，而且頻頻歪樓，以前的哲人思考從雄辯或修辭開始，現在的人講話越來越難聽，越來越難懂，如此必然產生溝通障礙。溝通不了如何談團結一心呢？做大事能講話不清楚嗎？

閱讀更是無法取代，只有閱讀能讓人學會靜心，人靜就能定，能定才能看得透澈，再說文字力也只有大量閱讀才做得到。然如今出版品泛濫，黑白顛倒，魚目混珠，不是大家不讀，而是不知要如何選，讀對書很重要，只有把閱讀與寫作專業化，才能有行規。

文學是以語言、文字表現人類情感與思想的藝術。不是每個人都能運用顏色或音調進行表達，但每個人只要能說話就能運用語言，只要能識字就能運用文字。如今電腦使用的仍是文字，也是大家能一起進行改造與試練的共同媒界，網路與文學的交集並不只是網路小說，網路創造了一個「類永恆」，那裡隨時有你要的東西，而且無償、無止無盡地提供，或者你相信直到死亡的那刻，它只有更強大、更廣闊，當所有東西都在萎縮與凋零，只有它在增長與擴大，真的不用再去向外尋找，該有的都在裡面了。

然而那是真的嗎？不會是幻想或錯覺？先談網路不能給的東西，一是靜心與靈性，一是真實生活，其中最重要的是愛，你也許可以使用電腦創作，或在網路上找到真愛，但是靈性的修持是要透過靜心，靜心需要忘我，一個永遠只有我的人如何立大志做大事？網路或者可以通向世界，卻無法脫離自我中心的迷障，我們看到的只有自己，或者只有自己想看到的。

而文學的形式不管如何改變，給我一個好故事，或者給我一段好文字是不會變的。網路小說通常沒有太好文字，只有更簡明的文字，但它與影像越來越接近，也跟好萊塢高概念劇本越來越接近，一部讀起來不怎麼樣的小說，自動分場且畫面感十足，當它們改編為電影、電視劇時，忽然閃閃發亮，令人動心的不是新哏或是人物，而是跨領域與跨時空的混雜效果，用最新的影音技術包裝亦古亦今的故事。只有故事力是不夠的，而是編劇力與影像力，前者要靠文字完成，後者則須尖端的影像力。

將來好的連續劇與紀錄片會比好電影多，好電影要靠好導演、好劇本，然電影的成本風險太大，兩小時怎比得過八十集連續劇？它的潛在觀眾更多，因為免費啊！

無酬與免費釀成創作者的慘劇，然還好故事能賣錢，好文字也能賣錢，紙本漸漸成為收藏品或多次再生品。

新的世紀為我們帶來大破壞，一切前景是那麼悲觀，因此沒有新學也沒有新意，反而往後退，找一種安全的方式生存，這也許是鄉土寫實再起的原因，說故事的技藝再受到重視，而且要把故事說得誇大而令人發笑，這便是新世紀初寫作者的「黑色幽默」，就如許多大部頭小說，一個個架起龐大嚴肅的布景，其中只有一些搞笑的碎片的連貫，也許我們正來到一個碎片的年代，也是混沌年代，碎形這個字多好，破碎、斷裂，看似獨立卻相依而生，自我破碎、歷史感斷裂、沒有固定形狀。安伯托・艾可說這是個「倒退年代」，政治與文化的倒退也許是真的，然文學回到中古世紀還不夠遠，《詩經》年代還差不多，它對應的也是「青銅紀」，天子與諸侯不分，〈國風〉盛行的年代，日常生活嘉年華化，生活無私密，私密即文學。

只有小說而無小說家，只有幾年級而無個人面孔的時代，小說成為「大說」──回歸小說本質而擴大之。

如果說宅文學確實存在，那它的特點是遊戲化，刺激化，敘述非線性而是塊狀流動，更具活力與戲劇張力的語言表達富於慾望的感覺。

進入新世紀，手寫的時代過去，作家也變成宅男宅女的一員，他們也玩3C、部落格與臉書，如果說在書寫上有何新意，也就是文學的宅化。

那些不玩電玩的，玩文字或神祕或心理或自然，如吳明益的作品顯然也有迷文化的色彩，不管是所迷的是蝴蝶或山水，都是數位攝影下的產物。那並非真正的自然，而是數位化的自然。

另一種迷狂則是羅莉塔式的，如胡淑雯《哀豔是童年》、李維菁《我是許涼涼》，其中總有一個不老的女孩或男孩在其中，羅莉塔對應的是正太控，也許六、七年級作家多多少少也有迷文化色彩，臺灣經過現代主義的洗禮之後，衍生出「後現代主義」或「後女性主義」，另外，新世紀前後奇幻小說如野火竄起，搭上「魔術熱」與「馬戲熱」，實境秀與素人展演的電視節目具有催化的作用，以幻戲入小說，魔術熱從太陽馬戲團到素人街頭表演，隨之進入小說書寫中，其中的迷狂又算哪一種？

但胡淑雯等新世代應說是「新浪漫主義」而非「新寫實主義」，它是屬於世紀初的小說，卻有世紀末延伸過來的意味。

浪漫主義最顯著的特徵，為藝術家的主觀性。它標舉個人、情緒、奇幻和想像的地位，重視原始的自然，對於歷史保有興趣，對社會現象也熱切關注。因為他們對既有的現實不滿，故而常退隱到古代中世紀傳說中去尋找靈感；矛盾地又對現時社會充滿了變革的熱情，因而特別關心社會偶發的事件，如戰爭、屠殺、災難等。由於現實已無想像空間，所以特別嚮往異國情調，譬如神祕的古文明或異次元世界。混雜與嫁接可以說是他們的專長。

如異國魔術秀嫁接鄉土故事，３Ｃ媒材與語言組合家族故事，如郵票對到排比的愛情故事。

這說明寫實主義走到某個瓶頸，客觀的寫作已無法滿足小說家，故而向歷史與異文化、古文明祈求靈感，經營另一個巴比倫花園，將自己的欲望投射其中。網路青年標榜的「熱血」與「搞笑」，改寫新世紀該有的「革命」與「創新」，只有語言是新的。

是的，世紀初的小說家最大的貢獻在語言上，不管是老作家、新作家的語言都有新意，結合詩意的散文體加上流行語，我們的文字也朝數位化前進，文字的衝撞與彈跳力道，優雅與殘暴並存，這是以前所未有的。

回顧過去十年，詩文抒情傳統與小說寫實精神拉鋸的結果，是小說的抒情化幾乎抽掉散文的發展空間，一個重小說而輕散文的時代於焉來到，向以抒情詩為傳統的漢文學，滲入西方的史詩敘事，小說匯聚詩、散文、小說三大文類，而形成「大說」，這到底是好事還是壞事？

我認為那些逆向操作的會更有機會，反其道而行的先行者先贏。

當閱聽人成為大眾，出版品越來越小眾，我們需要的文學要不是純度就是含金度。寫實或寫虛都不重要，小說最難的不是寫實或寫虛，而是虛實相生，還要不失詩意。過度寫實喪失詩意；過度寫虛，喪失情節與誠意。不論寫實或寫虛都不能失去詩意，然而過度追求詩意，小說必然要背你而去。也許小說之美真的背離我們太久，還謹守著這分寸的有好幾位，但在這個時間點，寫實與詩意的結合是很重要的，我們失去說故事的能力已經很久了。卡夫卡寫虛影實，普魯斯特寫虛含實，喬伊斯寫實也寫虛，但都不喪失情節與詩意。當情節不再是小說的靈魂，或者說，當小說有沒有靈魂也不再重要之時，小說變成他人之書或者他者之書，小說家的主體不再明確之時，要如何辨別好小說或好文學？

或者像赫拉巴爾那樣，具有鑽石孔眼，寫出喧囂中的孤獨；或者像孟若一樣，簡簡單單寫一則故事，展現人生之不簡單。當小說家由史詩大才變成文字的垃圾打包工，他們必須具有更精細的心靈，能穿越最常見之平凡物事。作家的細筆要能穿越極平常的物事，讓日常性中的某一瞬，成為神祕而偉大的一刻。

天才與靈感

我們或多或少會碰見在某方面有天分的人，在文藝圈數十年，見過許多小天才，有些是中等天才，大天才通常無緣見到，因為大天才是不世出的，但也有可能我眼瞎，有大天才而沒發現，據說他們都超越時代，當代人是看不見的？到底哪些人可以稱為大天才？他們具有什麼樣的特質？它跟創作有什麼樣的關係？

天才（genius）一詞雖說是西方的辭彙，它與talent相對，前者傾向先天，後者指後天可養成者，中國也有類似的「才氣」、「才華」之說，曹丕〈典論論文〉論建安七子謂「文以氣為主，氣之清濁有體，不可力強而至。」才氣有清有濁，清的超塵絕俗，濁的刻鏤世情，清的如宗白華說的「清水出芙蓉」，濁的如「錯彩鏤金」；又如「天下才氣共一升，曹植獨得七斗。」曹植可以說是大天才了，屈原、李白、杜甫、蘇東坡、李後主、曹雪芹都可說是大天才。

他們在世時有的十分風光，如早期的屈原、李白、蘇東坡，也有潦倒如杜甫、曹雪芹、晚期的屈原、曹植，不，曹植是英年早逝，屈原自殺身亡，他們的天才為他們帶來榮光時刻，也帶來悲慘命運。

天才的個性是較特殊的嗎？二〇一〇年，美國高盛公司做了一項有關天才的統計，在一千人中得出以下幾個特徵：

一、**孤獨感**：大多數的天才感到不被理解，因而普遍感到孤獨，在一千人中，幾乎沒有一個可以完全融入人群。

二、**性觀念混亂**：異性戀為少數，未婚者或獨身者很多，較多為同性戀、雙性戀、戀物癖、戀童癖、性癮者……，可見他們的性傾向較不固定，常逸出社會範疇。

三、**孤僻童年**：過早發現自己與眾不同，在同伴中被孤立，或無法融入。

四、輕度人格分裂：為了掩蓋自己的光芒，或離群索居，或表現出另一種性格。

五、**偏執狂**：因過度相信自己，常與他人執相反意見，而且非常固執。

這個統計可以看出天才的人格特質（也可說是罪犯的特質），天才常與瘋狂、罪犯、巫師相混淆，這統計還是沒辦法說出什麼才是天才，美學家宗白華綜合各家之說分為四個面向：

一、Melancholy（**憂鬱**）：天才因善於觀察人生世相，易有幻滅感，最後在心理上生出痛苦，但他不往宗教的解脫走，而往自我超越的路上走，在追求的過程因過於專注而不被了解，與世寡合，故不自覺表現出Melancholy的傾向。

二、**Humour（幽默）**：因其絕頂聰明，故能透徹認識世界，可以深入世俗，通情達理，又因其同情心不忍苛責，故以諷喻出之。該哭的時候笑，該笑的時候哭，笑中有淚，淚中有笑。

三、**天才之描寫，無論片斷或全部，無不表現其深刻的人生觀與思想性**：這就是Platner Ernst（普拉特尼爾．厄恩斯特）所說的：「凡係天才必生而帶有哲學的精神」。

四、天才之作品如植物生長般自然流露：這點較特殊，也常受忽略，因天才之作品為潛意識之產物，故看來渾然天成，好像不費力氣，一氣呵成，沒有雕琢的痕跡。

這其中憂鬱與幽默為我們熟知，但那只是表面，光有表面不足以成為天才，哲學深度與作品渾然天成才是重點，天才是天生的哲人，能夠見微知著，他既宏觀又能微觀；他們的作品包羅萬有，可其組成卻不見鑿痕，因為天才的作品大多靠潛意識長期的完形能力，而非靠設計與學習造成。

這個說法更深入些，天才是否鄰接瘋狂，義大利Lombroso《天才與瘋狂》及叔本華論天才提到內、外兩個層面：

一、**外在層面**，因天才常因精神太專注，常是神志不清，恍恍惚惚，看來與精神病患無異，然而他們並非真正瘋狂，全瘋的人是無法寫作的。

二、**內在層面**，天才的內在精神極亢奮，感情豐富，情緒劇烈，因工作過度而神經系統受傷。

雖然如此，生命頑強者，越挫越勇，如貝多芬、莫札特；生命力較弱者，或早夭或自殺，如屈原、川端康成，有一段時期研究者相信天才與智商有關，還替他們打分數。如沒記錯的話，歌德智商最高，一八幾吧，伏爾泰次之，現在大家都不相信智商了，天才可能智商高，但並非絕對關係，後天的努力更重要，持續的努力，大器晚成的也很多。它們的走向分三種：一、傳奇性與戲劇性，他們大多是早熟的天才，或八九歲或十歲已展露光芒，早早成名，或一生多采多姿，是尼采所謂彗星型的天才；或早夭或江郎才盡，為尼采所謂流星型的天才；第二種是直線型的，以一種特殊天分為原點，精益求精，而到達他個人的巔峰，他們通常較為純粹，接近尼采所說的行星天才；第三種是球形的，他具有多種天賦，平衡發展，立體地形成他個人的體系，如西方的達文西、歌德，中國的老莊。

至於靈感更為神祕，柏拉圖認為是「迷狂」，劉勰說是「神思」，彷彿很難以理性分析，約翰．利文斯頓（John Livingston）寫過一本有關柯立芝的書《通往夏拿督之路》，他描述的「創造性想像」類似靈感，它是三種東西交互作用的結果：第一種是記憶經驗之「井」的積聚；第二種是當細節進入準確位置時，視覺產生的創造性「閃光」；第三種，通過推敲、修改和提煉，把視覺翻譯成現實，這是個需要持久性的努力而導致的「自然天成」。

作家的記憶力也許不是特別好，但他對過去所發生的事儲存庫特別大，那是個記憶之井，汲取不盡，有些細節突然閃現眼前，如閃電般被擊中，這時他將它捕捉下，如果他已有熟練的技術，自我完形的能力，有靈感的作品常是傑作。

就是這其中的閃光最為神祕，許多天才藝術家都提到這光，如，尼采、梵谷……，尼采的《查拉圖斯特拉如是說》描寫的超人可說是理想的人，他充滿了光：

我愛那使未來的人生活有意義，而拯救過去者的人：他願意為現下的人死滅。

我愛那懲罰上帝的人：因為他愛上帝；因為他要因神怒而死滅。

我愛那個人，他便在受傷時靈魂還是深邃的，而一個小冒險可以使他死滅：這樣，他將毫不遲疑過橋。

我愛那因靈魂過滿而忘己而萬物皆備於其身的人：這樣，萬物成為他的沒落。

我愛那精神與心兩俱自由的人：這樣，他的頭僅是他的心之五內；但是他的心使他沒落。

我愛那些人，他們像沉重雨點，一顆一顆地從高懸在天上的黑雲下降：它們預告著閃電的到來，而如預告者似地死滅。

看罷，我是一個閃電的預告者，一顆自雲中降下的重雨點：但是這閃電便是超人。

超人就是閃電，閃電就是超人，尼采在寫此書前精神耗弱，陷於絕望與痛苦之中，但他突然被閃電擊中，他看到光，這道光開啟他的靈感，而寫下這部驚人之書。

梵谷真正繪畫的時間只有十年，十年間他畫了一千七百幅油畫、水彩及素描，比很多畫家數十年的畫作還多。梵谷一生的畫作都在追求「光」的變化，視覺的現場經驗，用繪畫的多樣色彩把「光」表現出來，可說最忠實於印象派對光的宣言的描繪。

梵谷畫的向日葵嘗試著要捕捉由中心向周圍旋轉的分量感，我們覺得他畫的光是有重量且流動的，他追求的光有白日的光與黑夜的光。他後來到南法追求太陽，就是對於旋轉、炎熱的天體的一種熱切期望。事實上。法語的向日葵就是生長在大地上的太陽，梵谷將這聯想充分的發揮出，呈現於作品上，一八八八年所創作的花瓶裡的十四朵向日葵，梵谷大量運用黃色系塗滿的黃變成發亮物，好像是溢出畫面的光。除了向日葵，《星夜》（*Starry Night*）中的光是黑夜的光，他說：

看到星星，總讓我沉入幻想，就像地圖上表示城市鄉鎮的黑點，會引我遐思……

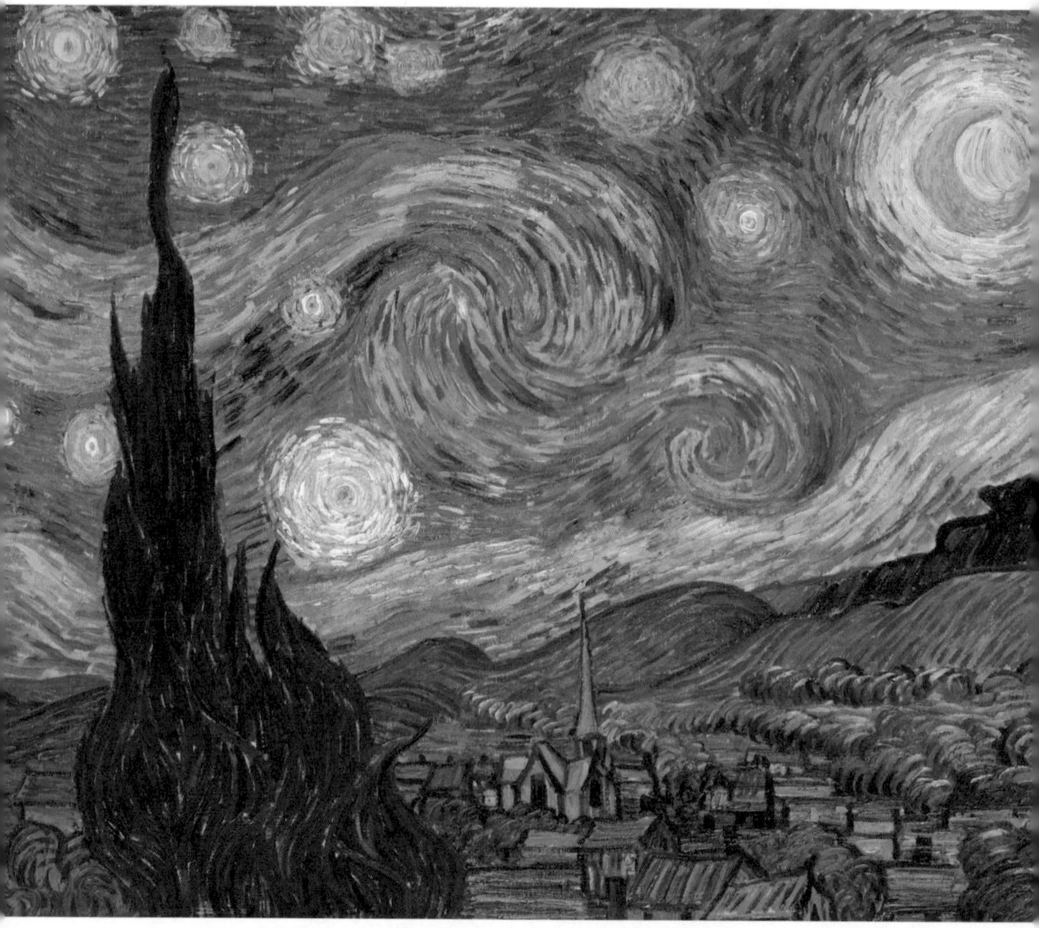

梵谷的漩渦狀筆法，經科學家分析，利用畫中紅藍綠三種原色的比例，取圖素間的距離做為變數，所得結果與自然界的紊流（亂流）十分接近。（達志影像／提供授權）

我們乘火車可達塔拉斯孔（Tarascon）或魯昂（Rouen）；藉由死亡，我們則直抵天上星辰。

他漩渦狀的筆法在他的作品《星夜》、《絲網與星星之路》（*Road with Cypress and star*）大家都很熟悉，也覺得特殊，它有著說不出的魅力，那其中到底是什麼？數位墨西哥、西班牙及英國的科學家利用俄國數學家安德雷・柯爾莫哥洛夫（Andrey Nikolaevich Kolmogorov）的紊流理論來分析梵谷的作品，想了解這些畫中的紊流跟自然界中的紊流是否相近，可參考他們的對照；紊流又稱亂流，它的特點是無序性、隨機性、擴散性、耗能性，如颱風就是風暴亂流的一種。他們以《星夜》這部作品的數位元影像作為底本，裡面的顏色與線條最是經典，他們利用每個圖元中紅藍綠三種原色的組成比例，然後以兩個圖元之間的距離作為變數來進行分析。所得到的結果令人驚奇，梵谷畫中色彩分布的情形與柯爾莫哥洛夫的紊流理論所預測的模式相當符合。另外兩幅《絲網與星星之路》及《麥田裡的烏鴉》中色彩的分布更是符合。

梵谷這些漩渦狀的畫風幾乎都跟他異常的精神狀態有關，人在某種狀況下會感知或看見不可見的「真理」或「宇宙現象」。在這種出神入化的狀況下可以畫出跟自然界紊流行為幾乎一致的圖案，可見人的創作力是相當神奇的。科學家所說的紊流就是藝術家與哲學家心靈中常感受到的光啊！

劉勰的〈神思〉是專門探討作家的靈感的，他定義為「形在江海之上，心存魏闕之下。」意思是說創作者的想像力不受時間空間限制，窮照、獨造都有照明、洞明的意思，也類似光：

是以陶鈞文思，貴在虛靜，疏瀹五藏，澡雪精神。積學以儲寶，酌理以富才，研閱以窮照，馴致以懌辭，然後使元解之宰，尋聲律而定墨；獨照之匠，窺意象而運斤：此蓋馭文之首術，謀篇之大端。

這句話簡單的說是，文學創作的靈感來自「虛靜」，虛是歸零的狀態，靜是專注的結果，等到創作靈感以意象（圖象）的方式浮現，照亮一幅又一幅的心靈圖畫，這時才動用你過往尋得的文字與技術，賦予作品形式，他們看來渾然天成，事實上必須通過深井的光，是如何難得難求。

幻想力與想像力

許多年輕的學生沉迷在奇幻或各種類型小說裡，他們常稱說在高中就寫了幾十萬字，有些還出了書，在網路上有些知名度，我對類型沒偏見，因我也曾是類型小說的沉迷者，在我們那時代，最夯的類型就是武俠小說，然後是羅曼史小說，有些人迷武俠迷到逃學或失蹤，留書說要上山求師練功，可見現代人並沒有比較瘋狂。

類型建立在幻想之上，所謂幻想是無須現實基礎的，因青少年或憤世嫉俗或逃避現實，以幻想為出發的作品最能吸引他們，因此具有過渡性質，當然優異的類型十分難得，如金庸的武俠、羅琳的《哈利波特》、史蒂芬．金的驚悚、《福爾摩斯》……，它們已跨越幻想而具有想像力的展現。

所謂想像力是指重新組合心靈的能力，或者建立於現實基礎上的虛構謂之想像，而脫離現實之虛構謂之幻想。優秀的作品奠基於優異的想像，所謂現實並非一定要真正經歷，間接獲得也可以，如浪漫派詩人柯立芝，在讀了有關忽必烈的書後做了個夢（有說是吸了鴉片或服安眠藥），夢中的情節與景象詭奇而美麗，他醒來後不由自主寫了兩、三百行，這是〈忽必烈可汗〉的由來。詩成之後，他無法再寫出這樣的作品，可見想像力是潛意識運作的，而非刻意的安排。

也是他提出幻想力與想像力的不同，前者常是藝術假貨的來源；後者才是藝術真品的來源，劉勰說：「山遝水匝，樹雜雲合。目既往還，心亦吐納。春日遲遲，秋風颯颯。情往似贈，興來如答。」重點在「情有贈，興如答」，創作是創作者對自己所經歷的生活的贈與答，他們要表現的生活絕非與自己毫無關係的事物，而是他們與客觀世界接觸後的回答或對話，這些事物應合著他內心的理想、追求，內在的存在呼應著外在存在，主客合一，它的特徵是不可重複性，也就是獨特性。

幻想力的作品強調可重複性，因此它常重複一個套路。如《格雷的五十道陰影》，有人說是霸道總裁的SM小說，其中的SM不是重點（因為一點也不SM），而是「痲雀變鳳凰」的情色版，性愛契約可能是唯一的亮點，但什麼都不可以的契約，除了鞭子、手銬、眼罩，跟之前的性愛並無不同，有人說這是歐巴桑寫給歐巴桑看的情色小說，對男觀眾而言不夠刺激，對女人而言夠刺激了。

這部小說是可以無限輪迴寫下去的，從第一道陰影到第五十道。就是要看不完，續集再續集，才能躲在書裡永遠不要出來。

柯立芝在《文學傳記》曾詳細說明他的想像力理論，並用幻想力和想像力區分才力詩與天才詩，他認為幻想和想像力是兩種截然不同的智能，幻想是一種聯想過程，想像是創造過程，他說：

理想中十全十美的詩人依照人之智能的相對價值和尊嚴，劃定這些智能之間彼此主客關係，而將人的整體靈魂帶入活動。他散發著統一的風貌與精神，這統一藉著綜合和魔術似的力，而將人的整個靈魂帶入活動。他散發統一的風貌與精神，這統一性把個體與個體攙雜融合，這種力量就是想像力。

想像力能將粗糙的素材，重新組合，賦予結構與形式，創造出一個嶄新的世界，並提升至更高的宇宙層次。而幻想力「實際上只是從時空的秩序中，解放出來的記憶」，它接受的「全是由聯想法則製好的現成素材」，它是事先研究後的產物，而非自然的流露，它有凝聚現成素材的餘力，始終以不固不變的物體為對象，缺乏重新創造的能力，所以它通常只能造成「平面的事實」。

黑格爾以為「最傑出的藝術本領就是想像」，想像是主動的，幻想是被動的，想像是創造性的，幻想性喜摹仿與複製。

想像力是作家的腿，沒有想像力，作家是跑不動的，然而何謂「想像力」？想像力是「自由組合印象內容的能力」，其中「自由」最為關鍵，在我們印象中人是走的，鳥是飛的，魚是游的，猴子是爬的，而想像人是飛的，魚是走的，鳥是爬的，猴是游的，這就自由組合，組合之後有完整的情節產生，且富於新意，這大約是想像力的作用。

心理學家把這個過程說成「造像過程」或者「意象」，或者稱其為「再生」想像過程。被想像的意象是用「心靈之眼」看到的。

凡是厲害的藝術家，在心靈中必存在「巨大的保留物」（Great reservations），想像可以使此大的保留物得到解脫而自由活動起來。

這其中虛構能力很重要，所謂虛構就是「根於現實基礎所進行的想像」，根植於現實而非照抄現實，因有現實基礎故而能產生真實感與生活感；而沒有現實基礎的只能是幻想。靠幻想也能編織情節，但通常沒有真實感與生活感，甚且具有逃避現實的傾向。

兒童大多具有原始思考，故而想像力豐富，此時加以限制，想像力漸失，且到青春期憤世妒俗，大多有反社會或逃避現實傾向，此時幻想性作品容易受到共鳴，此類作品也有傑出者，然多具有過渡性質，也就是說長大就不再迷戀，一般在十六至二十五歲心智漸趨成熟，幻想性質的作品再也不能滿足他們，這時想像力的作品就更為重要了，閱讀這些作品藉以喚醒自己的想像力，過了這年齡就太遲了，此年齡也正是寫作的黃金時期。

在《創造的行為》一書裡，亞瑟．凱斯特勒列舉三類有創造性的個人，「藝術家」、「鼠尾草」和「開玩笑的人」。藝術家建立美麗或者挑戰；鼠尾草建立想法或者解決辦法；開玩笑的人具有幽默感。在我的學生中B是具有豐富想像力的寫作者；Y則是點子多反應機敏，很會微言解紛；S則具有幽默感，常能讓滿座哄堂大笑，她自己卻不笑，人稱「冷面笑匠」。這三種人在創作中會寫出不同的作品：B的作品不但能見人所未見，發人所未發，其才氣常讓人妒嫉，因為學都學不來，這樣的人千萬人中只能有一個；Y則很會考試與比賽，常常得大獎，做事積極，做人討好，很多人生勝利組都是屬於這種，他們寫的東西新意不多，點子很多；S反應更快，簡直是自動說話機或毒舌派，揶揄自己或他人，他們大多能命中要害，他們同時具有表演能力，學什麼像什麼，可說是臺詞王，這樣的人寫出的作品常違反常規，戲劇性較強，常能在冷嘲熱諷中令人驚喜。

創造性表現在幾個面向：理智的領導能力、對問題的慧敏反應、獨創性、非常規性，富於創造性的思想家能看見在想法之間的遙遠關聯，見人所未見。三島由紀夫《金閣寺》，以金閣寺與美的互換關係，裡面充滿非常規的想像與原創性：

即使說我人生最初遇到的難題是美，也並非言過其實。父親是鄉間純樸的僧侶，語彙貧乏，他只告訴我：「人世間再沒有比金閣更美的東西了。」我想：在我本知的地方已經存在著美。這種思考不由得使我感到不滿和焦躁。因為如果美的確存在那裡，那麼我的存在就被美疏遠了。

對我來說，金閣絕不是一種觀念，而是一種物體。是一種儘管群山阻隔著我的眺望、但只要想看還是可以到那裡去看的物體。美就是這樣一種手可以觸摸、眼可以清晰地映現的物體。我知道並且相信：在紛繁變化的世界裡，不變的金閣是千真萬確的存在。

有時我覺得金閣宛如我掌心攥著的小巧玲瓏的手工藝品，有時我又覺得它是高聳雲端的龐然大物般的廟宇。少年時代的我並沒有認為所謂美就是不大不小的適當的東西。因此，看到夏天的小花像是被晨露濡濕散發出朦朧的光的時候，我就覺得它像金閣一般的美。還有，看到山那邊雲層翻卷、雷聲陣陣、唯有暗淡的雲煙邊緣金光燦燦的景象的時候，這種壯觀就使我聯想起金閣來。最後甚至看到美人的臉蛋，我心中也會用「像金閣一般的美」來形容了。

卡爾維諾《看不見的城市》是一本充滿想像力的作品，跟《金閣寺》相比，它更是虛構的，它的現實成分幾乎只有百分之一，裡面的忽必烈與馬可．波羅是確實存在的歷史人物，全書分成九個章節，每章的首尾皆以忽必烈與馬可．波羅作銜接；其餘的都為馬可・波羅的口述，以隱喻以辯證，表達出各種城市的概念和存在及消亡的原因（城市與記憶、欲望、符號、名字、眼睛、天空和死亡等之關係），忽必烈與馬可・波羅也可代換為作者與讀者，說書人與聆聽者的關係，然而它不像奇幻小說對現實是否定或逃避的，作者要直面的是城市的內涵，以及城市與肉體、心靈的關係，是城市與美學的探討，雖然說想像要建立在現實基礎，此書中的身體感與移動感是真實的，現代人因經常在移動之中，身體感較強，從第一章的配置中可以看出作者的強烈企圖：

馬可・波羅描述他旅途上經過的城市的時候，忽必烈汗不一定完全相信他的每一句話，但是韃靼皇帝聽取這個威尼斯青年的報告，的確比聽別些使者或考察員的報告更專心而且更有興趣。在帝王的生活中，征服別人的土地而使版圖不斷擴大，除了帶來驕傲之外，跟著又會感覺寂寞而又鬆弛，因為覺悟到不久便會放棄認識和了解新領土的念頭。黃昏來臨，雨後的空氣裡有大象的氣味，爐子裡的檀香木灰燼漸冷，畫在地球平面上的山脈和河流，因一陣暈眩而在懶散的曲線上顫動，報告敵人潰敗的軍書給捲起了，寂寂無聞的君主願意歲歲進貢金銀、皮革和玳瑁的求和書給打開了封蠟，這時候便有一種空虛的感覺壓下來。我們這時候在絕望中發覺，我們一直視為珍奇無比的這個帝國，只是一個無止境的不成形狀的廢墟，腐敗的壞疽已經擴散到非我們的權杖所能醫治的程度，而征服敵國的勝利，反而使我們繼承了它們深遠的禍根。只有馬可．波羅的報告能夠讓忽必烈汗從註定要崩塌的圍牆和塔樓中看出一個圖案細緻足以逃過白蟻蛀食的窗格子。

城市和記憶之一

從那兒出發，向東走三天，你便會抵達迪奧米拉，這座城有六十個白銀造的圓屋頂、全體神祇的銅像、鋪鉛的街道、一個水晶劇場，還有一頭每天早上在塔樓上啼叫的金公雞。旅客熟悉這些美景，因為他在別的城市見過。然而這城市有一種特別的品質，如果有人在九月的一個黃昏抵達這裡，當白晝短了，當所有的水果店子門前同時亮起多色彩的燈，當什麼地方的露臺傳來女子叫出一聲「啊！」他就會羨慕而且妒忌別人：他們相信以前曾經度過一個完全相同的黃昏，而且覺得那時候快樂。

像這樣的作品是不可多得的天才之作，讓我們訝異與好奇作者的靈感是哪裡來的，這位後設小說大師，早年沉迷於自己國家的傳奇故事，後來他找到一種寫小說的方法，那就是跳出小說之外，然後再跳進自己的虛構。

作者真的死了嗎？

以前天才與作家的地位高高在上，自從「作者已死」的論調一出，作家、天才此一語詞也死了，他們寧可自稱書寫者；批評家自稱讀者，好一個平等的時代，這樣文學與批評有較好較進步嗎？我覺得他們是真的被判死刑，但死刑犯就非死不可嗎？

更可怕的是盲目跟從「作者已死」的論調，眼中只有文本，沒有其他，研究者與書寫者也把自己當死物，解構作品就是讓死物再死一遍，只因讀者最大，文本無限解讀與誤讀，真是爽翻了。

把某種文學理論當聖經，這是另一種霸權的產生，一個研究者，與時俱進固然重要，以平常心與公正的眼光看待一切更為重要。我從七〇年代進入學術圈，其時最流行的是比較文學，其次是神話原型批評，每過幾年就一個新流行，跟時尚圈差不多，現今大家又在瘋齊澤克、布迪厄，誰知道幾年後又流行什麼？研究者除了專精還要有廣大的胸襟，不隨波逐流，否則跟著時尚師跑就是了！

時尚其實沒新意，幾年就來一次復古，誰知道今天最流行的，明天不會被淘汰？「作者已死」這一說真的沒新意，早在形構批評（新批評、形式批評）之時，批評家早就不談作者與傳記，改談語言與結構了，說起來是新批評開作者已死與結構的頭。有新批評就有舊批評，新批評是為顛覆舊批評而發，舊批評最主要的是歷史批評（考證、傳記、文理……之外緣研究），無論中西，歷史研究都是一艘很難打沉的航空母艦，中國的註疏與考證學近兩千年，西方解《聖經》與希臘學也很難不考據，外緣研究過偏，引起反彈，批評者轉向作品的內在研究，文本研究不過就是走了內在研究的極端。

走極端都是有問題的，當歷史研究達到頂峰之時，歷史學是霸權，十九世紀以蘭克（Leopold von Ranke）學派為例（以柏林大學為重鎮），蘭克原是法蘭克福文科中學的年輕教師，他以一本檔案資料為依據的著作，討論十五、六世紀義大利戰爭的進程中產生大國之間的均勢，於一八二五年應聘入柏林大學，一八八四年被美國歷史學會聘為名譽會員，並授予他「歷史科學之父」。中國的訓詁、考據之學，西方的考證傳統，加上近代的科學思維，就變成了所謂的蘭克學派，他們代表追求歷史上客觀的事實，認為歷史家不應有主觀的判斷；反對蘭克學派的人對此不以為然，尼采（Friedrich Nietzsche）在一篇名為〈歷史的用處及其弊病〉中說：「按蘭克以及科學派的歷史主義思想而言，那麼，歷史是沒有生命的，是完全為一堆死的材料、死的東西。」在這裡大歷史主義走了極端，凡過於極端的東西都會受到反擊。

如今大歷史真的成為過去，微觀的歷史興起，史學跟文學漸漸脫鉤，文本主義當道，文學變成語言素材與文本符號，外在的部分再也少人重視，這樣下去會是什麼後果呢？無作者也罷，能無文學史嗎？沒有作者的文學史，屆時都是一把粽子的文本誤讀，那種文學史誰想讀？

外在研究與內在研究皆不可偏廢，外在研究可開闊視野，歷史學作為研究的基本功，每種方法都有優點缺點，沒有所謂完美或百世不易的方法，歷史學的優點是可養成客觀的觀察與實踐的精神，雖然大歷史已成過去，我覺得能保留的是傳記學與傳記研究，田野採訪與年表製作，做這些能掌握作品與作者的時代氛圍與生命史，不能說無意義，等基本功有了再來談文本解讀，或者超文本解讀，今天我們面對的網路世界，是比以前的帝國大十倍、百倍的異次元空間，人相對變得渺小，然懶人包誰製作都差不多，一部在網路上轟動的小說，大家也想知道作者是誰，追蹤他的一切，會賣的網路小說，在實體也會賣，還會改拍成電影、電視劇，這樣的作品效應更勝於過往通俗作家。網路文學是類型的天下，類型通常套用公式寫作，所謂「高概念小說」來自好萊塢高概念電影，也就是一句話能說完的故事，簡明易懂的情節，這類作品更適合作文本解讀，因為就符號學角度，這些文本更充滿待解符碼，那沒說出來的比已說出來的多太多，而且更形重要。

在嚴肅與通俗之間的作品，或跨界的作品也適合作文本解讀，至於天才作品，那是無論用什麼方法都無法拆解它，它像大海中的冰山，只露出一角，連航空母艦也無法撞翻它。

時代不斷改變，只有天才還是天才，把全世界搓成一顆大力丸的文化研究，把一流作品與二、三流作品綁成一掛粽子，混在一起談的解構時代，實在讓人受夠了。

怪不得保羅．策蘭要絞碎語言，保持沉默，佩索亞與赫拉巴爾要當「隱者」，他們是「隱蔽青年」的先驅，作者非但沒有死，還成為一種地下祕教，以不可解的方式流傳著。

我們不要讓他們死好嗎？

不讓他們死也是研究者與批評家的責任，我們欠缺的是美學，必須承認我們真的沒有美學家或美學研究，但美學也不是萬靈丹，好的研究必須有四根柱子，第一根是文學或藝術史，第二根是文學或藝術理論，第三根是文學或藝術批評，第四根是美學，這四者皆不可偏廢。

現下研究論文充斥，批評風氣卻每況愈下，傷害最深的是文學與藝術創作生態，它的生態早已被破壞，沒有好與壞，美與醜，是與非，黑與白⋯⋯，全民書寫當然好，但齊頭式的平等誰想要？一個比廢比賤的年代，一個又一個「人渣××」、「魯蛇告白」會留下什麼作品呢？

以當前的「小確幸」、「小清新」來說，小確幸源自村上春樹的隨筆集《蘭格漢斯島的午後》（《ランゲルハンス島の午後》），該書是八〇年代雜誌專欄文章結集而成，都是短短的散文，薄薄的文集每篇都配著安西水丸的開頁插畫。裡面的文章我讀過，能造成印象的不多，他不是隨筆作家或散文家嘛，然而他有自己的生活美學，其中最具代表的是「小確幸」，意謂著「微小但確切的幸福」。哪些是「小確幸」呢？村上在一九九八年十月八日回答網友提問的時候回答得很明確：

一、買回剛剛出爐的香噴噴的麵包，站在廚房裡一邊用刀切片一邊抓食麵包的一角；二、清晨跳進一個人也沒有、一道波紋也沒有的游泳池腳蹬池壁那一瞬間的感觸；三、一邊聽勃拉姆斯的室內樂一邊凝視秋日午後的陽光在白色的紙糊拉窗上描繪樹葉的影子；四、冬夜裡，一隻大貓靜悄悄懶洋洋鑽進自己的被窩；五、得以結交正適合穿高領毛衣的女友；六、在鰻魚餐館等鰻魚端來時間裡獨自喝著啤酒看雜誌；七、聞剛買回來的「布魯斯兄弟」棉質襯衫的氣味和體味它的手感；八、手拿剛印好的自己的書靜靜注視；九、目睹地鐵小賣店裡性格開朗而幹勁十足的售貨阿婆。

因為講得很明確，那些物件與事件就跟這兩語詞明確地聯結在一起，它們可說是條件式、物件化的語詞，然而小確幸也可能是逃離大不幸的舒緩劑。這個詞流行在臺灣大約是在新世紀初，其時臺灣的經濟急速下滑，人們的薪資停止成長，消費力下降，二〇〇五年左右逛街的女孩人手一個名牌包，之後這些東西堆在二手店積滿灰塵，二手店一家倒過一家，這時平價時尚與快流行迅速取代，日系的 Uniqlo 深受年輕人歡迎，原來花少少的錢就可把自己打扮得很有型，再加上一些文創商品、手作皮包與棉布衣，這些大地色系的衣物搭在一起，自成一格，在大多數人都沒多餘的錢之下，吃與玩跟買房買車相比，是更快速與便宜的願望達成，幾乎大多數都能達成的願望啊，在冬夜中喝一杯熱騰騰的咖啡，或看一場二輪好片，因為小就是小市民與小願望阿，當這群人越來越多時，奇妙的市民與公民意識竟在這蕭條年代形成。其背後是公憤與公義。

當洪仲丘事件，小南門集結號稱五十萬黑衣人，他們有的戴著面具，快速集結，這種場面同樣在三一八太陽花事件、香港雨傘革命中上演，這個波瀾繼續在各地延燒。他們跟六、七〇年代的嘻皮大不同，嘻皮衣衫襤褸，反社會或逃避責任；這群嘻皮講究穿著，積極介入社會與政治，效率高行動快速，責任感嘛，還待觀察。

在世界性的經濟萎縮下，這群人被稱為「文青」或「hipster」，我們不能小看這股新勢力與美的追求，有人做過調查統計，除了假文青，他們通常喜歡以下的東西：

一、陳綺貞、盧廣仲、蘇打綠、張懸等新生代歌手。

二、他們很愛擁抱樂活、反核、反BOT，反一切可能破壞生態的工業案。

三、喜歡手動相機，深愛LOMO風格，喜歡照片四周有黑色漸層。

四、喜歡自拍身邊的小物，手邊在看的書，自己的背影等。

五、對於小白兔與《破報》會介紹的音樂，愛不釋手；對於地下樂團往往有某種熱愛。

六、喜歡夏宇、陳雪、蔡康永等人的作品。

七、男文青真的少不了緊身褲與Converse，說話時總帶有某種憂鬱，偶爾會在臉書說一些沒人看得懂的話，並且期待別人按讚。

八、春吶、海洋音樂祭、簡單生活節，絕對不能錯過。

九、喜愛逛誠品，或逛溫州街，舊香居。

文青的英文hipster，是一個五〇年代就出現的詞彙，指的是崇尚獨立思考，喜歡非主流事物的年輕人，對於音樂跟電影有執著的品味，進入數位時代後，文青的定義多了新的附加說明，他們多數在新創產業工作，買蘋果產品砸錢不手軟，甚至願意多花臺幣去7-11買牛奶或罐裝飲料，而不願進大賣場買大量更便宜的商品，只因認同店家販售理念。

有人解釋為「具有詮釋高文化資本產品的能力」的人，他們購買的產品不見得貴，但需要抽象符號詮釋的能力，這些產品（文本）常常是不在地的，遙想西方或日本的全球化都會，強調都會孤獨虛無感，把意義解構徹底，去歷史，自戀自溺……代表：夏宇、村上春樹、後××作品……而這幾年，好像慢慢多出一種意義，變成「購買特殊品牌符號產品的人」，配合在地微旅行微××行銷，而開始有臺灣脈絡，文青市場化，消費從詮釋文本轉向購買物質（但物質被故事化的品牌符號所闡釋）。

從「你可以看懂這麼難的東西」變成「你可以買這麼精緻（意義上的包裝）的東西」，這兩者不見得衝突，然後不管什麼時期文青一直都在品味上帶有階級的傲慢的身分，以前還帶有反資本主義的清高，後來這種清高也稀釋了，反諷有理，而現在的反諷也是某種隱約累積的階級仇恨，從文化階級加上經濟階級（當文青變成很會買東西的人像是用蘋果買無印）。

據新聞報導，二〇一二年，英國的經濟環境開始緩慢回溫，而帶動這個現象的竟是在倫敦的文青們，這從哪兒說起？他們不是一直是被嘲諷的對象嗎？不是說文青當不好就變成「中二」？或者文青就是中二啊！從表象來看他們多半注重時尚、強調個人風格，但生活型態就是宅男加中二和文創商品與3C，然而經濟學者分析，他們來自新興的網路世代，而倫敦的電子商務市場逐漸興起，正好吸引這些年輕人往這裡蜂湧。

這些年輕人以「品味」為優先考量的消費模式，加上從事網路新創產業創造的產值，為英國的經濟成長注入了一股新血，經濟學家將這股新興勢力就以這些文青們最愛的咖啡為名，稱作 Flat White Economy（牛奶咖啡或白咖啡經濟）；根據統計，文青經濟光二〇一二年，一年創造的產值就占了英國GDP的七點六百分點，這個數字太驚人了，但更驚人的是經濟學家更大膽預估，十年後，二〇二五年，這數字將會成長到現在的兩倍。

兩倍，那不是超過百分之十五？

以我的兒子與學生為例，應該也算文青吧！前者是在家工作的作曲人，一個月只外出開會幾天，其他時間都在家裡，他省到不能省，自己做菜很少買衣服，但他用的電子產品都是最好最新的，他會去咖啡館工作，後來嫌咖啡貴，就買了雀巢咖啡機自己泡；學生L在書店打工，如此可免費看書，她愛看書寫作，所有打工的錢幾乎是買書與聽演唱會，喝咖啡與茶，還去學泡咖啡，尤其喜歡奶泡，她的配備也是驚人。看電影時最奢侈的當然是一杯星巴克，讀書多到咖啡廳坐一下午。感覺上他們有消費，但精打細算，其中不能減去的就是奶泡咖啡，也就是白咖啡，他們根本也不懂虹吸手工咖啡。像這樣的文青臺灣也不少吧！

一杯白咖啡能改寫歷史，這是美學上常見的事，在作品的展現上，「小清新」是否也有可為呢？

「小清新」這語詞最早源自音樂流派 Indie Pop（獨立流行樂），這種音樂起源自一九八〇年代的英國，以旋律優美清爽為特點。如此偏愛清新、唯美的文藝作品，生活方式深受清新風格影響的一批年輕人，也叫做「小清新」。小清新實質上有點像我們所指的「文雅」或「清純」，是夾帶著跨性別的青少年次文化。

以林書宇《百日告別》為例，這部片子雖以死亡這沉重的主題出發，不管是演員、場景或攝影，都離不開清新唯美，歌手出身的演員、女主角文青打扮，跟男主角死去的妻子十分相像，山路與樹影，大片的海藍與草綠，白色的家飾與青峰的歌曲，都帶有一種對比並不強烈、淺景深、輕微過曝、瀰漫著生活氣息的風格。字卡的使用有畫龍點睛的效果，如七七的「人鬼殊途」與百日「生歸生，死歸死，往後的時間也在死亡之中」這麼文學化的語言僭越至影像中，可說文青至極。

「小清新」曾一度被認為是一個貶義詞，當然它也帶著條件性與物質性：歲月靜好、四十五度天空、白色棉裙、帆布鞋、LOMO 相機、腳丫特寫、陳綺貞、岩井俊二……這些符號性的詞彙和人物構建起來的，是一群被大家認為「不切實際、為賦新詞強說愁」的少年群體，但當這個群體慢慢成長和擴大，人們漸漸發現：或許在那些「裝」的背後，也正是這一群體面對日漸浮躁的現實社會的一種柔軟反擊。它的條件式、物件化更明顯。

在一堆介紹小清新的文字中發現張愛玲與胡蘭成的魂魄，他們追求的是「現世安穩，歲月靜好」。

所有的流行或風格都不會是突然產生，或沒有精神淵源，這是美學關注的問題，海派文學陰魂不散，它從三、四〇年代就是東京——上海——臺北三邊混雜美學，是海派改裝後的產物。

小清新的風格，就是所謂的淡／無風格，是走一步退一步，一正一負，平行對倒的奇怪舞步，怪不得很難形成深刻印象或辨識度，這個死局只有等待新世代作家來破解。這裡也面臨作者已死的死局，因為作者不重要，文本可以一再複製，海、房間、城市、蛇信、舞步、降靈、魔巫、窗口……，幾個意象無限組合，作者經歷兩次死亡，第一次是被人判決死亡，第二次是自我死亡。

先當詩人再當作家

現在出書越來越容易，門檻越來越低，得過文學獎就能出書，沒得過獎的素人作家、網路作家也不少，學生作家也越來越多，他們當然都能寫，這是全民書寫的年代，也是作家比讀者多的年代。

寫作是古老的手藝，以前行有行規，在希臘時代每個創作者都是詩人，史詩、劇詩、抒情詩，都是詩體，因此作家最古老的精神是詩，最低的門檻也是詩；古代中國，孔子的教學非常重視詩學，尤其是《詩經》，因為「不學詩無以言」，就算一百多年前，學童的入門就自「千字文」、「百家詩」的對句、押韻開始，現在覺得古板，但童詩很重要吧！我在兒子的小學教過童詩，一個比一個會寫，孩子是天然的詩人，在八、九歲最恰好，識字不多，然想像力豐富，出現許多令人驚喜的句子，他們玩文字與節奏很在行，錯過這時期，已難補救。

從新文學開始，報社與媒體成為作家的敲門磚，能被錄用即成作家，能不能寫作全靠主編的慧眼，文學獎算是較後來的機制，它取代科舉，成為文人功名之途。文學獎的弊病如今是漸漸顯現，而副刊日漸萎縮，文學的機制又回到國家，誰能申請到國家文藝補助，出書就有希望，然而這是新科舉，難道我們又要回到八股文時代？

我對文學養成的看法是要復古又要開新，我自己是從寫詩開始，然後小說，然後散文。學詩的好處是文字感變得較敏銳而有自覺，有些人書寫時對文字無感，自己在寫什麼也無自覺，這種無意識寫作跟機器操作沒兩樣。我認為先寫詩再寫作，先當詩人再當作家，不當詩人，就會成商人。

過去的文人也是從寫詩開始，概因小孩對短句押韻的文體有興趣，像是兒歌或童謠的一種，富於節奏感，學詩幾年再學寫文，文章該有的音韻、意象、文字都有了，寫散文最難的是結構與氣韻，要做到行雲流水如一氣呵成，通常沒有幾年也是做不到，在內容上要豐富也須飽讀詩書，如此到二十歲左右才算出師，名師出高徒，這種師徒制養成的讀書人，大抵文筆不弱，有天才者，自然是自成一格，在《古文觀止》中有幾篇就是應試之作，少年老成的很多。

在寫詩中做到字字計較，意象與結構，還有想像。這種養成更嚴謹，然不是每個人都能當詩人，有詩的基礎再做心靈的鍛鍊。

劇場是很好的心靈鍛鍊所，它講求紀律、專注力，更要求肢體與心靈的開放，外向的人在這裡找到發洩，內向的人爆發潛力，多年來我在創作課中推詩劇場，目的是靈魂的雕塑，為了十分鐘至半個小時的演出，詩不能太短，一般人寫詩通常不長，詩劇一定得長詩配合，長詩需要大題材，這就給學生極大的挑戰與壓力。

詩劇場即文學劇場，傳統劇場的復興。我們的劇場本非以語言（臺詞）為中心，而以詩為中心。寫作者的內心存有半個戲子，如此他才能演活他人，化成他人。

戲劇的作用大矣，最重要的是運動、第二重要的是運動，第三重要的還是運動；第一個運動是身體勞動，現代人都不愛動，要動也要是優雅的勞動，肢體語言更是少得可憐，身體僵硬，透過劇場的開發，常能讓不正常的人變正常，正常的人變得不正常，戲劇的高度紀律與大量勞動，常會開發自己也不知的潛能，戲劇非戲劇系的專利，就像文學非中文系的專利，這世界上有不愛看戲的人嗎？

愛看戲是一回事，懂戲又是另一回事。懂一點戲算票友，作為創作的輔助，更知道好的作品是一點一點功夫堆起來的；第二個運動是情節的運動，情節是戲劇的靈魂，衝突又是情節的靈魂，不管有沒有情節，戲劇就是一直往前去的敘事運動，它是動態，而非靜態；第三個運動是社會運動，好的戲能發人深省，也能做為改變社會的運動，如行動劇或實驗劇場都具有批判社會的功能並參與社會。

以詩為寫作技術的基底，以戲為心靈與意志的鍛鍊，這樣培養出來的寫作者，有外在與內在之美，這是詩教也是禮樂之教。

詩劇場在小劇場十年中發端，以鴻鴻為代表，他以短詩為主，我則強調長詩，一方面鼓勵學生寫長詩，至少八十行，目前最長是三百行，我們的抒情詩傳統以短詩為主，短詩貴精鍊，為何非長詩不可？長詩與史詩不同，史詩也有短的，史詩與敘事詩最大的區別是，前者有對話，後者則還是代言體，如《長恨歌》是敘事詩，《孔雀東南飛》則是史詩，因其有對話、人物、情節，白話化的史詩就是小說。長詩跟敘事詩、史詩都不同，相對於抒情短小詩的極端，初入門當然是短詩，但只寫短詩很容易受拘限，而執著於字句的堆疊，詩要寫長一定要大題材，入手不易，但是能激發潛力，尤其是氣長之人，在長短較勁中，往往是長詩勝出，有些還令人驚豔，可能尺幅大更能展現年輕氣盛，而能擺脫束縛，失敗的也很多，通常是破碎、斷裂、重複、硬寫……，但這種毛病寫短一樣會有，先寫長再寫短，更從容而精鍊。

詩化為戲劇演出，更能落實詩與文學的推廣與教育，尤其在海外有華人之處，我們不再為我們的歌舞劇自卑，因為我們有詩的傳統，也有詩劇的傳統。

老方法不一定都對，學校教育有學校的優點，它的缺點也很多，天才作家通常不容於校園，也不是學校能教出來的。有老師帶當然好，大多數自己摸索，僅憑才氣熬不了幾年，有些人才氣早發早早成名，新浪每隔幾年翻一次盤，舊浪就不見了，那還在寫的多是底氣長的，底氣是由天資、志向、氣質、毅力構成，總的來說是藝術氣質或詩人特質，如果已固定養成不容易改變或受環境左右，還要耐得住寂寞，那耐不住的本性就出來了，為了賣書什麼都做得出來，把寫作搞得跟做生意差不多。出版自然是生意的一種，寫作者既已委託出版社出版，就是生意歸生意，寫作歸寫作，否則直接開出版社不更便利，但也不擔保自己的書賣得多，成功的出版家都是別人的書賣得多，無暇顧自己。

要養成一個好作家確屬不易，一但養成能不斷追求進步的不多，不紅還好，一紅起來，風格就固定了，就像商品，哪個好賣專寫那種就好了。

作家有分上中下，那下者文筆只比一般略高；中者，文筆有自己的路數，但永遠重複一套；上者，原創性高，風格多樣。一流作家至少要符合三個標準：一、承先啟後，啟後重於承先，太過於特異無傳承無啟發的很難流傳，如郊寒島瘦之屬；二、風格變化，至少兩種以上，像畢卡索一生的風格變化可能要三、五百年才能到達；第三，作品水準整齊，少有敗筆，因不輕易出手，自我要求嚴格，作品落差不大，不會有兩極化的作品產生。

法國小說家兼批評家法郎士（Anatole France, 1844-1924）曾說：

> 凡是大家的著作，頗能予人一種溫厚的影響，足以感發明達的談論，端莊而親切的言詞，與閃爍不定的影像，有如那時結時散的花圈一般；又足以激起種種深長的冥

想，引發一種喜悅而溫馴的好奇心，以付諸一切物，而卻又不欲窮物之相；又能使人追憶親愛的前塵，淡忘醜惡的憂慮，而返歸於自己的靈魂。所以當我們讀這些絕好的書——這些生命之書時，我們就像它們融化入我們自己。

作家的思想越深刻，胸襟越廣大，越能啟發後人，一部《紅樓夢》兩、三百年來無人能超越，在《紅樓》之前，曹雪芹要挑戰的兩座高山是《西廂記》與《牡丹亭》，他用盡一生的力氣終於越過這兩座大山。近現代幾位大家都想超越或挑戰《紅樓》，蕭紅自謂「留下半部紅樓」，意謂她寫了半部，這是最多的了；張愛玲欲以《易經》、《雷峰塔》、《小團圓》、《怨女》挑戰《紅樓》，最後作了《紅樓》考證，自知只能牛後；白先勇、施叔青、李昂、王安憶、楊絳……都想登高超越，恐怕還是沒過，只要沒過就得停在《紅樓》，直到有人超越，從此不言必稱《紅樓》。就好像在《紅樓》之前，小說、戲曲家言必稱《西廂記》、《牡丹亭》一樣，文學史的發展就是個開拓史。

那些不直接挑戰《紅樓》是對的，如劉以鬯的《對倒》，他也以為《紅樓》是偉大的作品，卻發展了自己的「對倒」美學，直接影響王家衛的電影。劉是較早的意識流作家，從海派變成港派；王文興《家變》也是另闢蹊徑的小品；但這些充滿實驗性的作品，既不承先，也難啟後，那些能開大路讓後人追隨的必是不世出的大天才。

作家是哪種人：跟宇宙人差不多，他要能跨越國族、政黨、階級，跳出五行之外，所以我同意蕭紅所說「作家不屬於哪個階級，而屬於人類」。

寫作與死亡

二〇一四年五月二十日，我的學生CC從中興大學的綜合大樓跳下來當場死亡，時年二十八，從二〇一三年七月他就計畫這場死亡，九月在臉書上尋找遺囑執行人，從二月到五月他四度跳樓，每一次都留下一封遺書，其中一封寫著「以死明志」，你可以說他是因重度憂鬱而死，也可以說為自己同志的身分悲慘遭遇而進行死諫；距離一九九六年邱妙津為情而死相差十八年，你可以說她是重度憂鬱自殺，也可說她是殉情而死。殉國、殉情、殉道其死亡的本質相似，如殉死者為創作者，它的意義就更為複雜。殉道而死的CC是我創作課的學生，他愛美成狂，我為他及與他類似的書寫作者，寫一本談美的書，我並非美學家，然我長期關注文學中的美學命題，而死亡常是悲劇與小說的結局，因此談文學中的死亡是談不完的。

瑪格麗特．愛特伍說寫作便是與死者協商，事實上，作家群體的心理狀況一向為人所擔憂，「很多作家都是生性敏感的。敏感的內心使他們對世界的體驗往往很特別，也很深邃。在這樣的體驗中，他們往往能寫出自己的成果。但是敏感，也容易讓寫作者走向極端。」

從作家角度講，他們比較容易處於孤獨狀態，因為他們思想性比較強，思維是朝內的東西，在思考很多問題時，容易產生孤獨感，導致人和社會脫節，他們會覺得沒有更多人理解他們、解讀他們，曲高和寡，慢慢覺得自己孤獨、寂寞、無助。寫作者的另一個麻煩問題是，他們寫作時往往長時間待在家裡，動態活動非常少，與外界也沒有什麼接觸，「這樣會使作家失去參照系，容易產生心理上的問題」。

這輩子我見過最多的工作人是創作者，他們的個性各式各樣，大部分的時間跟所有人一樣，隨著寫作時間越長，付出的心血越多，而有了一些差異，我把他們分為幾類：

一、**花蝴蝶**：口才佳，社交力強，愛熱鬧宴飲，鋒頭健，優越感強。

二、**權謀家**：口才有強有弱，社交力強、善謀略，熱衷權勢，常有官職或掌權。

三、**人師**：口才有強有弱，社交力有強有弱，常有學生跟隨，有影響力，能帶動風氣。

四、**情趣家**：口才有強有弱，社交力較強，懂得生活也懂享受，從享樂主義到生活藝術家、美學家，寫作只是生活中的小部分。

五、**厭世者**：口才有強有弱，社交力弱，常把想死掛在嘴上，有些有攻擊性，作品也常寫到厭世與死亡。

六、神祕客：口才較弱，幾無社交或無社群網站，非常低調，很少人知道他們在幹什麼，但他們會以假身分潛水觀看他人。

七、逃世者：口才有強有弱，幾無社交，反抗文明與社會的隱逸者，創作與行動一致。

八、修行者：口才有強有弱，少社交，把寫作當修行，或者本身就是修行者。

九、混合型：大多數人屬於這型，但前兩者與後五者較少重疊。

如川端康成是算第三與第四的混合型；葉慈是第一與第二、第三的混合型；豐子愷是第三與第七混合；魯迅是第二、第三混合；沈從文是第三、第四混合；張愛玲是第四、第五混合。

寫作者因社交能力較差或不喜社交，因而喜好孤獨，在孤獨中自得其樂的在所多有；但在過分孤獨中而傾向反社會與厭世者更多，他們不是朋友很少，就是與朋友鮮少聯繫，碰到打擊或挫折時會選擇死亡大多是這群人。我在想，前三者選擇死亡的較少，是因為朋友多嗎？好像也不是。

想像力豐富的人，小時候特別怕死人、怕鬼、怕黑、怕一切可怕之物，外向的人找尋人群以逃避無所不在的恐懼，內向的人因害羞而逃避人群，寫作需要長期孤獨，常常面對自己的極限，只要生活上稍一刺激就會走向極端，而失眠、憂鬱、躁鬱或恐慌、藥物癮只是外顯的癥兆。

前兩種人易有妄想與躁症，後五種人易有鬱症、恐慌，只要求醫可以控制，偏偏作家都不愛求醫。求醫也不按時吃藥。

像CC原是第一種，作為同志，他長得美，愛社交，人緣好，加上中文與社會系雙修，感性與知性兼具，原是極受眾人喜愛的寫作人，他的才氣不算高，但積極求進，也有一點小成績。當兵時在兵營中摔到腦傷，開刀後已變成另一個人，有妄想症與攻擊性，他不是一直不好，而是時好時壞，好的時候很正常，這時已變成第四與第七的混合型。一般人自然無法理解他，因而受到排斥，而至找不到指導老師（他認為老師欺騙他），無法完成自己最重要的研究，這激發他想以死明志的想法，早在碩士修課結束後就寫好遺書並找好執行人，跳了三次樓沒成，第四次結束生命，死前愛美的他，還為自己拍了美美的照片。

如果是我可能也是束手無策，最多押他去吃藥看醫生，求醫絕對有幫助。我最傷心的是他死後遭到的冷處理與切割，他自然是造成許多人困擾，可是死後有必要再補刀嗎？給他一點溫暖很難嗎？需要團結一致對外攻擊嗎？

這輩子我碰到的寫作人，老師是氣死的；田啟元是病死的；學生是跳死的；有一面之緣的三毛是自殺死的；才剛見過面猝死的是林燿德；欣賞的後輩黃國峻與袁哲生自殺……，作家的職災不是最大，風險也不小。

作家的死沒有比較偉大或有什麼啟示性，應該討論是它的連動性，與造成對同為寫作者的震撼，它可能挑起寫作人隱藏的厭世因子。

一九七〇年十一月二十五日，三島由紀夫切腹自殺，不少作家趕到現場，只有川端康成獲准進入。川端康成很受刺激，對學生表示：「被砍下腦袋的應該是我。」三島由紀夫自殺之後十七個月，一九七二年四月十六日，川端康成也選擇含煤氣管自殺，未留下隻字遺書。

死亡本身並不可怕，可怕的是引發其他創作者的厭世心理，老師過世後，每到忌日前後我都想死，這情況延續許多年；學生去世後，我與學生們也陷入憂鬱中，久久難以自拔，所以面對這樣的事情請勿冷血以對。

研究作家自殺的學者鮑維娜認為：作家的自殺並非只是由於客觀外在因素，為生活貧困、事業失敗、社會迫害、疾病、愛情等原因，更重要的是作家的心理因素在起決定作用。她說：「心理因素往往是自殺作家付諸行動最根本的原因。」注意，最重要的是心理原因，一定有個非死不可的心理原因。

自殺的時間點往往接近成功點，或成功點之後的空虛感最強烈時，再也沒有奮鬥目標或再也沒力氣走下去，這許是原因之一。覺得不被了解與錯待，而又說不清時也可能是原因；病了而不醫，也是原因，但它較接近結果……

「自殺是一長串前後相扣的事件之鏈的最後一環。」要具體分析他們的成長歷史（特別是童年的精神創傷）、環境氛圍、心理因素等主客觀原因。這需要細緻的微觀分析：

冬季籠罩在暗井上，
我背對天空，
探看黑暗中是否有某物動靜，
或微微閃亮，或眨眼睛：
或者，從井底向上望，我看見
天空是白的，我的眼瞳——
與所有失落的、發光的事物同在——
我與死者共度之冬：
一口裝著真實、意象、文字的井。
在獵戶星的低空

我凝視冬至穹窿變成梯階，
群星高升。

——傑・麥佛森，〈井〉

作家在意識之井中以細弱之繩不斷往深處探索，而至無人知曉之孤絕處，如再遇到外來的衝擊很容易放掉手中繩索，從無人知曉的點掉落，要探尋死因，太複雜也太隱微了。

輯三

美的理論與範疇

在莊子一書中，至人、真人、聖人不但是無為與無用之人，有時常是醜怪之人，他的美學可謂醜之美之發揚，是具有現代意義的。在西方，聖經題材或有不美之人事物，大底是神聖之追求，或犧牲或背叛也有悲涼之美。

美學的誕生

美學從何時開始？西方美學史從畢達哥拉斯派寫起，中國美學史從《左傳》、《國語》、《尚書》中的伍舉、子產等美學思想談起，時間大多在兩千五百年前左右，但美學成為一門獨立的學科要到十八世紀才形成。

有「美學之父」之稱的鮑姆加登（Baumgarten, 1714-1762），是德國唯心主義哲學家，他是普魯士哈列大學的哲學教授，他發現人類知識體系缺了感性認識這一塊，因此主張建立專門研究感性認識的學科，當時叫作「Aes the ties」，希臘文的意思是「感覺學」，其後康德、黑格爾在他們的美學著作都沿用這個名詞；後來黑格爾說「伊斯特惕克」這個名稱實在是不完全恰當，因為 Aes the ties 比較精確的意義是研究情感和性感的科學；康德把審美問題作為哲學的一部分加以探討，要到黑格爾，美學才成為一個完整而有系統的獨立學科；之後馬克思、恩格斯將美學從一門學科變成科學，可惜他們還來不及將美學的部分整理出來就去世了。

在臺灣這個美學沙漠，仍有幾本零星的美學著作影響著我們，小時候讀朱光潛的《談美》，雖讀不懂，卻隱隱覺得它的奇特，原來美這麼深奧，中學到大學時特愛讀詩話、詞話，這些詩人詞人談詞也是美學的實踐，尤其是王國維的《人間詞話》深得我心，之後讀宗白華、李澤厚、姚一葦，搭配著讀黑格爾《美學》，之後從柏拉圖的《饗宴》到康德、克魯齊、車爾尼雪夫斯基、巴赫金……，越發欲罷不能，之後寫《聖與魔——戰後小說的心靈圖象》即是以美學為基底，雖然開了個頭，真正想說的還很多。覺得創作者更應該讀美學懂美學，因為它是研究感性與感情的學科，更是談美感與審美的學問，人人都愛美，更應懂美學，不懂美如何欣賞美？創造美？

美學可分四階段、五里程碑，分別是：

一、畢達哥拉斯，提出美在和諧，美在黃金比例的分割。

二、儒道思想，儒家提出以善為美，美善統一，道家則提出自由為美。

三、鮑姆加登，推出第一部美學著作。

四、黑格爾，為美學建立宏大完整的理論體系。

五、馬克思、恩格斯，把美學變成追求客觀真理的途徑。

進入美學先要搞清楚主觀、客觀、唯心、唯物這幾個詞的分別，如柏拉圖認為美在「理式」，詩人是「迷狂」中的人，詩太霸道了，所以應該被趕出理想國，他所謂的理式包含理想、理性而近乎神，這是客觀的唯心主義，也就是美帶有客觀性，在感知上卻是主觀的；亞里斯多德是柏拉圖的弟子，他主張「美在事物的形式與比例」，繼承客觀的唯心主義，然排斥過於主觀的「理念」而重在「形式」的統一性。

文藝復興時代的巨匠達文西認為美在「比例的和諧」，這是主觀的唯物主義，因他在萬物中找到美的規律，他不僅是畫家也是數學家、力學家與工程師，他的美學建立在唯物主義基礎上，他說：「畫家要在現實世界去找美，研究普遍的自然，就眼睛看到的東西多加思索，要運用組成每一事物的類型的那些優美的部分。用這種辦法，他的心就會像一面鏡，真實地反映面前的一切，讓它成為第二自然。」柏拉圖與亞里斯多德都是客觀唯心論者，康德把唯心推到極端而成為主觀的唯心論者，而且是先驗的唯心主義，他認為美「只能是主觀的」，他提出審美是一種趣味判斷，它是一種情感判斷，不涉及理智，也非邏輯，主觀意識中，想像力與理解力跟審美最有關。美是那種不夾帶任何利害關係，沒有概念的純形式，而必然為人所愛，他舉了簇葉裝飾和自由圖案為例，它們並不具目的性，卻能引發想像力與理解力，故而是美的。

康德把審美推至自由的心，然自由的心並非人人可蹴及，不自由的人怎會擁有自由的心？

黑格爾是客觀唯心主義者，較接近柏拉圖與亞里斯多德，在美學上提出美是「理念的感性顯現」，理念與理式有些微不同，因為黑格爾是辯證論者，他提出的理念是概念與實存，理性與感性的統一體，柏拉圖把美的理念看成永恆不變的，黑格爾則把美的理念視為辯證的過程。

黑格爾以哥德式教堂為例，說明美是精神的外化，亦即理念的感性顯現。如屋頂的尖角，似乎向天空飛騰，迸散為一層高似一層的尖頂。「塔樓上的鐘塔是專為宗教禮拜儀式而設的，因為鐘聲特別適合基督教的禮拜，這種依稀隱約而莊嚴的聲響能感發人的心靈深處。」形體、空間、色彩、音響是建築的感性形式，這些感性形式引向一個目的——天國。這其中呈現極為重要，因此黑格爾說「美的生命在於顯現」，這是說只有理念內容在感性形式上顯現才能成為美。

有主觀的、客觀的唯心主義，有沒有主觀、客觀的唯物主義呢？博克是英國十八世紀美學家，他即是客觀的唯物論者，他認為美是客觀的，是物體的某種屬性，他說「美大半是物體的一種性質，通過感官的仲介，在人心上機械地起作用。」他還歸納美的特徵：一、比較小；二、光滑；三、各部分見出變化；四、不露稜角，彼比融成一片；五、身材嬌弱；六、顏色鮮明，不強烈刺眼；七、如果有刺眼顏色，也要配上其他顏色，使它在變化中得到沖淡。這些就是美所依存的特質。博克走向另一個極端，那就是人的感覺完全不重要，重要的是物自身。

車爾尼雪夫斯基也是客觀的唯物論者，或者說形而上的唯物主義者，他對美下的定義是「美是生活」，「任何事物，凡是我們在那裡面看到我們所主張的生活，那就是美的。」「任何東西凡是顯現出生活或使我們想起生活的，那就是美的。」他肯定唯物主義的觀點，並認同美的客觀性，他主張的生活是一個革命民主主義理想的生活，與社會緊密結合，他自稱為人本主義者。

馬克思認為美感是主觀與客觀的統一，美學史上不論是唯心主義美學家，還是唯物主義美學家，都在探索一個共同的問題：是什麼東西使事物成為美的？唯心主義者從精神世界探索；唯物主義者從客觀物質世界中探索。馬克思堅持美感的主觀性，也堅持美感的客觀性，他提出「美的規律」，事物之所以成為美，不應從外部找，而應從內部找，它既是本質性，也是物自身。他更提出「勞動創造了美」的說法，勞動不都是美的，而是勞動者將自己的本質物化到對象上，使對象成「我的本質力量的確據」，使人在他創造的世界中直觀自身，這就是「勞動的對象化」，如呂赫若的《牛車》，裡面的主角楊添丁和妻子阿梅，原是牛車車主，在汽車駛進農村之後，生活進入窘困，只有尋求新的生路，結果得到的只有一再的挫折與絕望。牛車已被時代淘汰，這對車主楊添丁是生活中最大的痛苦，他的努力都是徒勞，最後只能「坐以待斃」，雖是如此，他仍不斷追求「超越」和「自尊」，生命的悲劇性由此而生。

這是現代人的心靈悲劇，它的美感從何而生？裡面有勞動者的悲哀，但也充滿勞動之美與動感，雖然一切都是徒勞，然它寫活了農業社會進入工商業社會，農夫作為夕陽產業的悲哀。所謂「勞動的對象化」，牛車作為生產與勞動工具，是勞動者的對象，也是作為他的力量的確據。主角透過它創造自己的載貨生涯，能夠直觀自身的勞動美；當它失去市場時，他也覺悟此勞動美之消退。

這是西方的美學發展，是由主觀與客觀，唯物與唯心構成的。在十九世紀之前，討論的文藝類型以戲劇、建築、雕塑為主，之後才加入小說。

中國美學

在西方，美學與哲學是分不開的，它們大部分是哲學家的美學；在中國，美學是哲學家的美學，也是文藝家的美學。中國美學史上，那些文論、畫論、樂論、曲論、詩論以及詩話、詞話、筆記，有許多出自文藝家之手。而且它通用於各門藝術，如「情景交融」、「氣韻生動」皆可用來討論詩、畫、園林、建築……，可說一通百通。

宗白華曾提出貫穿中國美學歷史有兩種美感，也就是兩種美的理想，一是錯彩鏤金之美，一是芙蓉出水之美。錯彩鏤金表現在楚國圖案、楚辭、漢賦、六朝駢文、顏延之詩、明清瓷器、刺繡、京劇服裝……，它是「錯彩鏤金、雕繪滿眼」可說一種人工美；芙蓉出水表現在漢代陶器、王羲之書法、顧愷之畫、陶潛詩、宋白瓷……，代表著「清水出芙蓉，天然去雕飾」之美，可說是一種自然美。宗白華認為「初發芙蓉」勝過「錯彩鏤金」，如李白的「清真」，杜甫「直取性情真」，司空圖偏好「生氣遠出」、「妙照自然」，蘇東坡要求為文「絢爛之極歸於平淡」，這些都與自然美接近。

宗白華提出的美學分法極有見地，他強調的是藝術美；然而似乎忽略了倫理美與社會美，強調倫理美，美與善不分的代表就以「里仁為美」，重點在仁，有仁德之人為美，與仁人為鄰為美。孟子主張養氣的「充實之為美」，接近心靈完美，荀子說：「君子知夫不全不粹之不足以為美。」這裡面全、粹皆有精華與完整之意，內外兼包。

強調社會美的如社會詩人元稹、白居易，白主張「文章合為時而著，歌詩合為事而作。」就是主張創作應與時代與社會結合，如〈買花〉：

帝城春欲暮，喧喧車馬度。
共道牡丹時，相隨買花去。
貴賤無常價，酬直看花數：
灼灼百朵紅，戔戔五束素。
上張幄幕庇，旁織笆籬護。
水灑復泥封，移來色如故。
家家習為俗，人人迷不悟。
有一田舍翁，偶來買花處。
低頭獨長嘆，此嘆無人喻：

一叢深色花，十戶中人賦！

有人批評其文「淺切」，現在讀來很有生活感，我也愛逛花市，但少買花，多買盆栽與樹，花呢價格差不多，樹就差別很大，十年以上的櫻花、梅花、茶花叫價都要十萬以上，所以我只買樹苗，只要三五千，但沒耐心的人花大錢買成樹，也是要「十戶中人賦」，種樹之美在過程，尤其親手栽種，根深情深，社會詩裡面有現實感有生活感，誰能說它們不美？

清葉燮（一六二七～一七〇三）就肯定客觀的現實美「凡物之生而美者，美本乎天者也，本乎天自有之美也。」這種本乎天的美只有人才能欣賞「凡物之美者，盈天地間皆是也。然必待人之神明才慧而見。」在現實中最美的是富於創造力的人，高爾基就說：「美化人、讚美人是非常有益的；它可以提高人的自尊心，有助於發展人對於自己創造力的信心。此外，讚美人是因為一切美好的、有社會價值的東西，都是由人的力量、人的意志創造出來的。」因此，人的美是社會美的基本內容。

西方擅邏輯推理，東方偏觀照，然西方也有印象批評，強調批評者個人之直覺和看法，故又稱為「再創的批評」，主張直接觀照作品而對它產生的印象、感覺、感情、氣氛和感動，生動地敘述出來。中國眾多的詩話、詞話、點評也提出一些重要的美學觀點，有時也有邏輯分析過程，然大多數只提結論，像清況周頤《蕙風詞話》中幾則就很接近新批評的字質分析：

小山詞〈阮郎歸〉云：「天邊金掌露成霜。雲隨雁字長。綠杯紅袖趁重陽。人情似故鄉。蘭佩紫，菊簪黃。殷勤理舊狂。欲將沉醉換悲涼。清歌莫斷腸。」「綠杯」二句，意已厚矣。「殷勤理舊狂」，五字三層意。「狂」者，所謂一肚皮不合時宜，發見於外者也。狂已舊矣，而理之，而殷勤理之，其狂若有甚不得已者。「欲將沉醉換悲涼」，是上句注腳。「清歌莫斷腸」，仍含不盡之意。此詞沉著厚重，得此結句，便覺竟體空靈。小晏神仙中人，重以名父之貽，賢師友相與沆瀣，其獨造處，豈凡夫肉眼所能見及。「夢魂慣得無拘管，又逐揚花過謝橋」，以是為至，烏足與論《小山詞》耶。

李贄的〈童心說〉是一篇論述藝術真純之美的美學文章，他認為好的作品必須本乎真心，明清文人講「真」，心是真的、事是實的、情是誠的、性是靈的，以李為代表：

夫童心者，真心也。若以童心為不可，是以真心為不可也。夫童心者，絕假純真，最初一念之本心也。若失卻童心，便失卻真心；失卻真心，便失卻真人。人而非真，全不復有初矣。童子者，人之初也；童心者，心之初也。夫心之初，曷可失也？

公安派講的「獨抒性靈」，當時美學討論的文類主要是詩文，而把文類重心放在小說上，要到金聖歎，他評點小說算是一絕，周作人就說「小說的批評第一自然要算金聖歎」。他強調細讀文本，與新批評有相通之處，他論及小說有十五種寫作技巧：倒插、夾敘、草蛇灰線、大落墨、綿針泥刺、背面傅粉、弄引、獺尾、正犯、略犯、極不省、極省、欲合故縱、橫雲斷山、鸞膠續弦。這些批評語彙不僅為後人沿用，更進入古文的筆法點評，常見的如草蛇灰線、背面傅粉，連張愛玲譯註《海上花》也使用這批語彙。

這些評語影響後人的評點與分析，小說重要的元素為人物、情節、對話、主題、場景、觀點……，金聖歎最重視人物，認為要塑造出活生生的人物性格，要靠冷靜細緻的觀察，要靠設身處地的體驗，即所謂「動心」、「現身」，這接近情感聯想與動態描寫。在情節和結構上，要合乎情理，「寫極駭人之事，卻盡用極近人之筆」；又強調結構的完整性，他所謂的「靈眼覷見，靈手捉住」，相似於對創作靈感的強調；總之，金聖歎已提出了較有系統的小說戲曲理論與一組生動有效的批評語彙。

這也影響到《紅樓夢》的書寫與脂評小組，他最常出現的評語是「奇」、「真」、

「自然」，如五十七回：

晴雯便告訴襲人，方纔如此這般。襲人聽了，便忙到瀟湘館來，見紫鵑正伏侍黛玉吃藥，也顧不得什麼，便走上來問紫鵑道：「你才和我們寶玉說了些什麼？你瞧他去，你回老太太去，我也不管了！」說著，便坐在椅上。黛玉忽見襲人滿面急怒，又有淚痕，舉止大變，便不免也慌了，忙問怎麼了。襲人定了一回，哭道：「不知紫鵑姑奶奶說了些什麼話，那個呆子眼也直了，手腳也冷了，話也不說了，李媽媽掐著也不疼了，已死了大半個了！」【庚辰雙行夾批：奇極之語。從急怒嬌憨口中描出不成話之話來，方是千古奇文。五字是一口氣來的。】

如果說十七世紀的金聖歎對於小說典型性格的思想，成為典型論美學的重要里程碑，那麼，十九世紀末的王國維在詩歌評論中提出「境界為最上」的觀點，又是另一新里程。他提出的「境界」說欲超越前人：

嚴《滄浪詩話》謂：「盛唐諸人，唯在興趣。羚羊掛角，無跡可求。故其妙處，透徹玲瓏，不可湊泊。如空中之音、相中之色、水中之月、鏡中之象，言有盡而意無窮。」餘謂：北宋以前之詞，亦復如是。然滄浪所謂興趣，阮亭所謂神韻，猶不過道其面目，不若鄙人拈出「境界」二字，為探其本也。

葉嘉瑩先生認為，王國維所認識的境界「其含義應該乃是說凡作者能把自己感知的『境界』，在作品中作鮮明真切的表現，使讀者也可得到同樣鮮明真切之感受者，如此才是『有境界』的作品」，以「境界說」的理論而言，可發現一個核心要素，那就是以人為中心，圍繞對人、人生的思考而展開。無論是造境、寫境、有我之境、無我之境、大境、小境等等，都是從人——主體的角度立論，突出人在審美、創作中的主導作用，強調作品必須真實地表現自我情感，要以赤子之心來寫真感情、真景物。

王國維的《人間詞話》成為中國古典美學和現代美學的橋梁，現代美學當以宗白華、朱光潛為代表。

宗白華的美學對中國現代和當代美學的影響深遠。與著譯甚豐的朱光潛先生的大師風貌不一樣，宗白華始終以一個「美學的散步」優美身影出現。宗先生直接留給後學的文字並不多；在八〇年代的美學熱中，只是一本小小的論文集《美學散步》就影響了一個時代的美學趨向。

宗白華把藝術的本質規定為同情。「藝術的生活就是同情的生活」，「藝術世界的中心是同情」。他認為同情是世界創造、進化的動力：也是「光」和「熱」；沒有同情，世界就只是一個物質的冷酷世界。其次，同情是社會創造、進化的動力「美感的動機，起於同情」藝術的目的是融社會的感覺情緒於一致，是由人類社會「同情心」向外擴張到大宇宙自然裡去。他認為西方藝術以「正視的抗衡，緊張的對立」的眼光看待物象，始終難以消除物我之間的緊張關係，不能給心靈以最後的安頓。而中國藝術的精神卻是自我「縱身大化，與物推移」，形成與自然冥合為一的靈境。

朱光潛為中國現代美學的開拓者和奠基者之一，在這裡區分了美學學者與美學家的不同，前者並無提出自己的美學觀點，只作了歸納整理，後者則能發前人所未見。朱致力於美學研究、美學教學，治學態度認真，介紹、翻譯、論著美學的著述極為豐富，多達六百餘萬字，開拓了中國美學研究的新領域。《西方美學史》是朱光潛最重要的一部著作，也是中國學者撰寫的第一部美學史著作，具有開創性的學術價值，代表了中國研究西方美學思想的水準。對黑格爾《美學》的翻譯，為他贏得了崇高聲譽。他數量眾多的譯著和譯文，為中國的美學研究和文藝理論研究鋪平了前進的道路。他的《文藝心理學》在文學教育中仍相當實用，朱光潛美學的基本思想，最重要的是「形象直覺說」，朱光潛認為形象直覺就是審美經驗，「注意力的集中，意象的孤立、絕緣，便是美感的態度的最大特點。」

豐子愷與朱光潛兩人情誼深厚。在上個世紀二〇年代，他們是浙江上虞白馬湖的春暉中學的同事兼好友。豐子愷教音樂、圖書，朱光潛教英文。他們常常與幾個熟悉的師友如夏丏尊、朱自清等在一起飲酒聊天。後來豐子愷、朱光潛因不滿校長的作風，一起辭職，到上海創辦立達學園，以實現他們的教育理想。豐子愷雖無美學著作，卻寫了許多有關美的散文。

在白馬湖時，朱光潛曾對希臘神話感興趣。豐子愷曾對朱光潛說，他發現希臘神話中的愛神邱比特是兩眼全盲的，這完全合理。因為戀愛的人常是迷迷糊糊的，不一定看清楚對方。

早年，朱光潛是義大利美學家克羅齊的忠實信徒，並對近代美學的真正開山祖康德非常崇敬。在二十世紀五、六〇年代的美學批判和美學辯論中，與當時多數知識分子一樣，朱光潛受到中國共產黨的壓迫，從唯心主義美學轉向唯物主義美學。他把他採用的方法稱作「綜合」、「折衷」。在他看來，作為一種學術研究，這種方法是謹慎的，也是富於創造性的。他曾說過：「學與問相連，所以學問不只是記憶而必是思想，不只是因襲而必是創造。」此二人雖在大陸，其著作在臺灣也影響頗巨，之後有李澤厚、蔡儀、黃藥眠都是美學學者。

臺灣很遺憾地沒有真正的美學家，對美學著作也缺少充足的認識，之前有人譯註與編寫美學著作，常被認為是抄襲，美學著作常要引用前人，編寫的成分居多，像宗白華那樣能有創見的如鳳毛麟爪，它的《美學散步》也夾有歌德的研究，為單篇論文之結集，整本皆原創的只有詩話、詞話、《文心雕龍》等作者了，所以要以原創來要求美學家委實過於嚴苛。我們只有少數的美學研究者與審美的散文家，這跟我們不重視美學研究是有關的。尤其在美學基礎這塊，至少懂點術語與常識，入門的工作很重要，純粹的理論書很難閱讀，易讀且實用又能引發興趣的導讀作品最是需要，多多益善。

美學家通常本身不創作，如能懂點創作更好，黃藥眠學術思想具當代意義。比如，他以文學創作者雙重身分進入美學討論，因此他的文藝理論緊密結合創作實踐和創作體驗，關注創作主體和文學文本，這種能力使他的文藝理論能夠超越時代。對照臺灣，同時具有創作與理論的雙棲學者越來越多，余光中、楊牧、李渝、陳芳明、黃錦樹、李欣倫……，在未來更激烈的競爭中，以後的雙棲或三棲的學者或作家恐怕會越來越多。

因此誰說寫作不能教？或者創作無理論？文藝理論的實踐，正是我們這個時代急需品。在大量從術語到術語、脫離文藝創作實踐的論文中，「文藝理論」與「文藝實踐」已撕裂，理論失去了對文藝現場的洞察力，文藝現場的經驗也難以累積，理論成了一個人的語言遊戲。

臺灣雖不擅長美學理論，然擅於行動實踐，尤其是重組與再造，在文學上移植而來的魔幻寫實歷時多年不衰，很難回去純寫實，在電影上的新電影，雖受新浪潮影響，然也走出自己的格局，近期蔡明亮《愛情萬歲》、侯孝賢的《聶隱娘》對長鏡頭的迷戀；而劇場曾以顛覆為名，田啟元的《水悠》、《莉莉馬蓮》、「環墟」的《永生咒》、《十五號半島：以及以後》、《舞臺傾斜》著重肢體的極限與非文學劇本、「優劇場」尋溯所謂的「東方精神」，包括富於宗教性的儺儀面具、臺灣地方劇種、日本能劇發聲、印度文化等等，發展出特殊肢體與語言與「優人神鼓」那樣的另類震撼劇場，白先勇推動的崑曲藝術……對建立劇場的顛覆與解構具有實驗之功；在舞蹈上的「雲門」與「無垢」對民俗與歷史的深耕；音樂上的陳明章，音樂是東方式的空靈……，當劇場的實驗性與反情節被商業性取代，顛覆的精神流入舞蹈或舞蹈劇場，更顯現奇異的活力。

當代藝術的美學重點不得不提到「空與緩」，「空」的意境早已被說得太多，「緩」我們可以從東方的舞與劇，如能劇與巴里舞蹈看到緩速或靜止的動作，戲曲中的《牡丹亭》，不管唱腔或身段都以緩為美；民間的迎神廟會，乩童因神附體，以慢速進行舞步，更慢的是八家將與宋江陣，大都擺出陣式後，間歇性動作，然後靜止，藝閣上的八仙自然是要如如不動，這種緩的美學，也許可以從百戲找到更遠的源頭，但我在田啟元的《水悠》看到他演繹的白蛇傳，是跨性別多面向，開場時四個主要人物面向外圍成圓圈慢速轉動，每個人各說類似的臺詞，那時我渾身起雞皮疙瘩，沒想到留白竟可如此空靈，緩速令人虛靜，這種空靜之美不是一直存在東方的美學中嗎？

講到這裡先從雲門的《薪傳》談起，這支舞碼在七〇年代的鄉土回歸運動中占著重要位置，然它是以唐山過海的情節為主軸，架構與動作皆大開大闔，精神大抵以寫實與大動作為主，其後把故事或文學題材帶進舞蹈中，如使用文學《紅樓夢》與〈蘭陵王〉的典故，多了一些空的意境，動作傾向內斂；至《九歌》時，除了空還加進緩，如〈湘夫人〉的優雅與靜的概念，動作趨緩；〈山鬼〉動作雖大，因人架人，也只能以緩速進行。

緩，不過是速度放慢，卻彷彿是國畫中的留白，添增詩意；這個概念在周書豪的舞作《詩剝裂》、《回家》中的部分也可看到，然舞蹈上「空」與「緩」的美學要到「無垢」九〇年代之後的舞作，才得到完整的發揮。一九九五年林麗珍以《醮》演繹一位已逝女人在陰陽兩世牽掛、流連以至放下罣礙的故事。整個表演猶如道教儀式般，早在《天祭》中，她已放進大量民俗祭儀元素，初步形塑「無垢」風格的空緩美學。西方舞蹈強調上半身動作、舞者的頭總是高高抬起，這在芭蕾舞者身上更加明顯，它常以跨越、旋轉加速的動作顯現難度，林麗珍說「那是貴族的舞」，她認為「臺灣文化是庶民式、是『頭要低低的』」，因此她的舞者頭大多低低的，作沉思狀，在一條長練上以極緩速行走，快速運動時展現原住民部落的簡樸、厚重、狂野，融合超寫實的編舞技法，開啟臺灣儀式劇場繁華的盛景，舞者舞至後來如乩童般入魔，仿如降神，而層疊的華麗與靜止人物組合，如藝閣上的扮仙表演，配上鼓與音樂、誦經則如同超渡儀式，令人恍兮惚兮如落花跌入。

必須要說，極緩速在舞蹈上展現另類的美，在電影上則有些問題，蔡明亮、侯孝賢都以長鏡頭著稱，也時有空鏡頭出現，它是空緩美學的展現，然電影極緩時，情節與動作靜止，絕美的空鏡卻令人覺得難耐，為何？舞蹈與電影都是動的藝術，靜能造成留白的效果，但必須建立在堅強的寫實基楚上，因此在《愛情萬歲》、《戀戀風塵》這樣的寫實電影可行；在《天邊一朵雲》、《聶隱娘》上則會出現破裂，怎麼說呢？以後者來說，它受《貞觀之治》之類的唐風歷史劇潮影響，即是以接近歷史的寫實為美，讓我們驚訝，原來唐人是這樣，儀節、行止、裝扮、言語是這樣，在這種真實之美之中，出現空鏡特別美，更重要的是一段史實要五十集才能說完，那累積性的真實性更加明確，然《聶隱娘》改編自傳奇，又要在兩小時之中讓我們走進唐人世界，那根本是不可能的任務，因真實感不足，空與緩的出現，只會讓人屢屢出戲，這不是拍得不好，而是美學上的嫁接失調。

空緩之美，是臺灣藝術再創的奇葩，它值得繼續探索，繼續挖掘。

自然美與社會美

自然美與自然界是兩個不同的面向，有人以為先有自然界才有自然美，自然界並非全是美存在，如沼澤、洪水、猛獸、火崩、地裂……，自然不一定美，然自然界如存在美，它應早於人的發現，可以說自然美與自然界是同時存在的，如喜馬拉雅山「雪域」，連綿的冰山由幾百座六千公尺以上高山構成，那一片雪白放光的超塵絕美土地，它是在經歷幾百萬年的地殼變動，才使高原隆起急劇上升，在那少有人至的頂峰，近萬呎之處，美得讓人屏息，它夠自然，夠美吧，它在被人類觀看與審美之前就存在，不必經過人的定義，它的美就先人而存在，它是自然界也是自然美。

馬克思把自然界分為必然的王國與自由的王國，必然的王國是未經人類改造的自然，一是經過人類改造的自然，亦即「人化的自然」。在美學上關於自然美的研究大抵分為三個觀點：

一、直觀的唯物主義：自然美在於自然事物自身，是自然界本身固有的屬性，如山水之顏色、形狀……，肯定自然美之客觀存在。「天地有大美而不言」，自然界本身賦有巨大的美，變化萬千的自然之美是純樸的美——未經雕琢過的美。

二、自然美作為人與生活的暗示，只有人能認識其美，如車爾尼雪夫斯基所說「構成自然界的美是使我們聯想起人的東西，自然界的美的事物，只有作為人的一種暗示，才具有美的意義」。

三、自然本身不可能有美，自然美只屬於心靈的反映，自然美根本不存在，只存在藝術美。如黑格爾所說「但是人們從來沒有單從美的觀點，把自然界事物提出來排在一起加以比較研究，我們感覺到，就自然美來說，概念既不確定，又沒有什麼標準，因此，這種比較研究就不會有什麼意思。」黑格爾認為自然美不是真正的美，自然美是理念發展的最低形態，也就是說自然不是最美的，它必須轉化或進化。自然經過機械性、物理性和有機性三個發展階段。無機的（機械性、物理性）自然沒有生命和靈魂，是第一自然；有機階段才出現生命，這是第二自然；然後是生命、是靈魂和肉體互相交融的統一，理念在此得到最初的顯現，這才有藝術美的產生。

認為自然美高於一切，以法國十八世紀啟蒙運動時期的思想家盧梭為代表，他召喚人們「回到大自然中去」他呼籲人要住簡樸的木屋石屋，經常勞動身體，有空則和朋友一塊兒出去打獵，盡量地接近自然，欣賞季節富於節奏的美，在《愛彌兒：論教育》中，盧梭強烈批判使自然萬物遠離自然狀態的人類社會：「人是生而自由的，但卻無往不在枷鎖之中」、「出自造物主之手的東西，都是好的，而一到了人的手裡，就全變壞了。」這種自然至上論，影響許多人。他們大多有強烈的自由意識，因而在政治上成為異議者。後來實踐他的理想的梭羅，不僅實質地隱居大自然中，還提出「公民不服從論」，他們是不具殺傷力的反社會分子，影響卻是最深遠的，之後的甘地，以及公民意識的產生都從此而來。

與自然美相對的社會美是指社會生活中的美，為現實生活中社會事物和現象呈現的美。與自然美合稱現實美。與自然美相比，社會美更直接依賴於社會歷史條件，社會美可說是人類社會生活的美。它來源於人類的社會實踐，是社會實踐的直接體現。社會美首先體現於人類改造自然和社會的歷史過程中，同時也體現在人類社會實踐的成果中。人作為社會實踐的主體，是社會美的核心。

社會美首先表現在那些作為革命主體的先進人物身上。如堯、舜、禹、周公……，禹之治水，周公制禮作樂；其次表現在勞動產品上，當桑蠶生長在田野中，它仍屬自然美，但當桑蠶成為蠶絲，做成絲製品，它就屬於社會美了。生活是由自然美與社會美交織而成，很難截然區分。

社會美有幾個特質：

一、社會美以實際存在的真實為基礎

社會美必須符合社會發展規律，它具有某些必然性，一是正在消失，註定會失去的必然性，一是正在發生具有發展性的必然，後者才具有審美意義，什麼是已消失的不具審美意義呢？如阿房宮曾是美的，但它一度存在，現在早已經消失，這種註定會消失的不實際存在，因此它不能說是美的；而金字塔還存在，然而有一天它邁向消失的命運，那也不具意義。如同禮樂教化是古人的社會理想，當它崩壞之後，我們無從知道它如何美好，無從判斷其美，想必很美，卻無法感受。美必須以實際存在的事物為主，新世代對3C產品的熱愛，認為它們是美的，但排斥3C產品的有些舊世代認為它是醜的，大多數人認為它是美的，而且會越來越美，那它就是美的。社會美必須具有向上的必然性，但不是只有向上發展的必然性是美的，如人口的增長有其向上的必然性，然大量且繼續增長，是為災難，當然不美。所以說實存的必然性只是社會美的基礎，不是本質。

二、社會美以善為核心

這裡所說的善跟倫理學上所說的善不同，它是具有美學意義的善，如優美的動作、禮儀、勞動。如「日出而作，日沒而息」或者「天行健，君子自強不息」，這些行為既是善的又是美的。美學上的善泛指一切純真高尚、積極進取的行為。

三、社會美具有完美的形象

社會美以真為基礎，以美為本質，以完美感人的形象出現，如聖人或英雄人物，如《西遊記》中的五聖者，他們都是非常之人，僧人與半獸人、龍馬，他們都有嚴重的缺憾，所以不能說美，但他們最後必然是美的，當他們成聖之後，在求道的過程它們的不完美恰恰是種真實。而《水滸傳》的英雄好漢跟《三國演義》的英雄好漢相比，後者似乎更真實，水滸的人物雖美，卻大多是虛構的，而三國有史實的根據，就藝術美而言《水滸》較美；就社會美而言，《三國》較美。水滸英雄很難進入現實世界，《三國》卻可普及到改編為電影、電視，甚至電玩。它跟現實結合度更高。就善而言，《水滸》講忠義，《三國》講忠義也講仁義，劉備以仁義得人心，以匡復漢室為使命，在理想層次上高一些，歌德說「文學最美的是理想」，理想有大小高低之分，善不等於理想，理想卻包含善且大於善，它是永無止盡地對完美的追求。

人的美是社會美的基本內容，社會美可能是人類最早的審美對象，這是因為自然帶來的威脅與恐懼太巨大了，使人與動物一般，服從它的支配，在這種狀況下，人很難對它產生美感，只對自己的工具、活動、獵物以及族人的關係感到興趣，獵物最美，因此「羊大為美」，古文字的羊角特別明顯而大，羊角越大越美，尤其是公羊角，想必是當時最潮最珍貴的頭飾，能戴上它的人無異神人，他們摹仿動物姿態或披上獸皮，塗以獸血，將戰勝品掛在身上，獸角、獸牙、獸爪……，以此戰勝對自然的恐懼，因而產生征服自然的快樂與美感，因此他們崇拜各種神祇，祖靈、山神、水神、樹神，以及征服自然的英雄如女媧、大禹、神農、伏羲……，有人將「荷馬史詩」作了分析與統計，跟審美有關的語詞最多的是物——衣服、武器、建築、工藝品、地理……等共四百九十三次，人與類人計三百七十四次，而跟自然有關的動物十五次，植物九次；相同的，在《詩經》對自然的描寫非常多，光植物就有一百多種，但器物描寫更多，舉凡禮器、玉器、樂器、服飾、兵器、車馬、地景……非常豐富，這些跟審美更有關，如《詩經．鄭風．淄衣》：

> 緇衣之宜兮，敝予又改為兮。適子之館兮。還予授子之粲兮。
> 緇衣之好兮，敝予又改造兮。適子之館兮，還予授子之粲兮。
> 緇衣之席兮，敝予又改作兮。適子之館兮，還予授子之粲兮。

緇衣，這黑色的衣服，最初是古代卿大夫到官署所穿的官服。此詩表達妻子對丈夫的關心，大意是衣服破了我給你縫製，你出去辦事回來後我給你添置新衣服。這首詩較不被注意，在古代典籍中卻不時提到。《禮記》中就有「好賢如《緇衣》」和「於《緇衣》見好賢之至」。因此以衣服比喻賢者或者親朋情人在《詩經》中頗為常見，我們可以想像彼時人對物之情，延伸至抽象的理想與道德，這可說是社會美。跟衣服相比，樂器的製作更具社會意義，《詩經》中出現的樂器至少有二十六種，經過有心人的統計，共計：鼓（十六）、瑟（九）、鐘（九）、琴（八）、磬（四）、癥（三）、笙（三）、簣（三）、管（二）、塤（二）、篪（二）、癭（二）、鏞（二）、癮（二）、缶（一）、癰（一）、鉦（一）、雅（一）、南（一）、賁（一）、癱（一）、應（一）、田（一）、癲（一）、圉（一）、簫（一）。它們的屬性是：

打擊樂器：鐘、鼓、癰、缶、癭、磬、雅、南、賁、鏞、應、田、癲、癮、圉、鉦。

彈撥樂器：琴、瑟。

吹奏樂器：癥、簣、笙、塤、篪、癱、簫、管。

《詩經》中有樂器的作品共二十九篇，其中「風」詩十篇、「雅」詩十五篇、「頌」詩四篇。樂器通常與祭祀有關，這麼多的樂器描寫指向一個禮樂盛行的年代，周人對自然的敬畏和對祖先的欽敬都以祭祀表達，因此這些樂器已融入了周人的祭祀文化。禮樂制度也已深植於周人生活之中，各色人等都有特定的樂器，如缶、癰是老百姓的專利，統治者則都以鐘、鼓出之。

我們很難懷想周公的禮樂教化的榮光時代，據記載商、周時典禮名目之繁多，素有「禮儀三百，威儀三千」之稱，造成非有專門職業訓練並經常演練者不能經辦的現象。所以執行禮儀者為人敬重，而且可強調正朔，如《北齊書．杜弼傳》引述高歡的話說：「江東復有一吳兒老翁蕭衍者，專事衣冠禮樂，中原士大夫望之以為正朔所在。」

在禮樂崩壞之現代，臺灣要爭正統，與其爭國號，不如爭禮樂教化。那臺灣的禮樂教化好嗎？有些古禮是用不著或簡化了，中西混種禮儀交雜，崩壞還可新立，現在不是沒有，而是太多太亂，光婚禮就千奇百怪，政府是不管的，以前禮樂教化都有專司，我覺得內政部與教育部要設禮儀與音樂司，我們的喪禮雖說依循古禮，變化不太大，然也有電子花車、脫衣秀之惡俗，自從《送行者》這電影一出，臺灣出現大量禮儀公司，有專業來做當然更好，更有效率。但如果在現代化葬禮如火葬、樹葬、海葬……等細節規定更清楚更好，我們都能寬容喪家最大，因此能容忍阻礙交通以及噪音爆炸等過渡期，以前在鄉下，房子大空地多，干擾不大，現在都市裡要辦傳統葬禮一定會造成不便，然而在殯儀館舉行顯得冷冰冰，而且我們的殯儀館建築很恐怖，現代人大多舉行火葬，火葬場更恐怖，為什麼弄得像焚化垃圾一樣，對死者真是大不敬，這是惡俗阿，真的沒人在意沒人想管嗎？

我大弟死時，因早夭只能停在火葬場，那裡屋舍簡陋陰暗而且很小，妹妹與我在念經時緊挨棺木，念完經送去火化，火化前要再小拜一下，根本來不及，後面的棺木等不及，一長排一個撞一個，所有人的遺照與花束都被撞倒在地上狼狽不堪，我內心悲痛且憤怒，這種針對死者禮儀的大事竟是如此不堪。

臺灣人確實比以前有禮貌，但我們也有過不太禮貌成為國際奧客的時期，什麼時候變好的，我覺得是在世紀交替時，或者再早一點，與其說是受人間佛教盛行的影響，反應臺灣人的正向能量，不如說正向能量的聚集讓人間佛教盛行，大批志工出現在公共場域，那也正是七年級成長之時，他們是戰後最幸運的解嚴之子，童年時臺灣正富裕，父母教育水準飆高，熱衷於做志工，而他們都在各種才藝班長大，同時是網路的原住民，也就是完全網路時代，因此他們的宅意識激發公民意識，同時世紀之交的九二一大地震與SARS重創臺灣，我們經歷一場類似國殤的大死亡（誰說葬禮不重要？），我從未見過那麼多棺木，多數趕不及是捐獻來的，在此時國際的人道救援，令人感受人的苦難與救援是無國界的，我們的災難同理心與土地的認同感經過這洗禮，變得更純淨，也是那時舉國上網搜尋資料與更新統計，不再相信媒體與政府。而政府機構最先改進與現代化的是戶政，以前去戶政事務所簡直像入陰曹地府，人多擁擠沒秩序，辦事人員臉臭又沒效率，現在是如沐春風，志工更是熱心，辦事效率也是一流，好像從那時起臺灣人懂得排隊與禮貌，這是政府可以做的，上行下效，蔚然成風，此後捷運開通，排隊自然成風。

戶政做得到，為什麼其他部門做不到？最封建的是教育部，簡直是打不開的鐵牢籠，內政部好像做些不相干的，不起作用。為什麼不把禮樂教化接過來做？否則乾脆廢了。

大學修過《禮記》，對〈學記〉、〈樂記〉、〈大學〉、〈中庸〉印象最深，其中

〈學記〉是教育哲學的好文，我最喜歡其中幾句：

大德不官，大道不器，大信不約，大時不齊，察於此四者，可以有志於學矣。

偉大的德行，不求官位；偉大的道理，不拘用途；偉大的誠信，不限契約；偉大的四時，不必齊一。第一句我一直拿來自我警惕，只要是知識分子就不要謀官位，第二句期勉自己不要被特定的教義或思想所限，後面的兩句作為現代人應變的方法，如店家的信譽口碑不是一紙檢驗可證明，地球暖化，四季已小變化。經文有不變的常理，也會產生新意義，這麼多讀經班沒有好的經師人師，是沒有用的。

〈樂記〉是另一篇談音樂美學的妙文，它講到音樂與社會風氣與教化的關係；當微弱充滿焦慮的音樂流行時，人民就產生了憂心忡忡的情感；當舒暢、和諧、緩慢、平易，內容豐富而有鮮明節奏的音樂流行時，人民便感到安康和快樂；當粗壯、威嚴、猛起猛落充滿激憤的音樂流行時，人民就能剛強而有毅力；當莊重、正直、真誠的音樂流行時，人民就產生嚴肅崇高的情感；當舒暢、洪亮、流暢、柔和的音樂流行時，人民就會產生慈愛的情感。當邪僻、散亂、淫佚泛濫的音樂流行時，人民易產生淫亂的情感。這麼重要的事情為什麼沒人管呢？

流行音樂過盛，產生年輕人一窩蜂學唱歌學作詞作曲，然而選拔機制卻很奇怪，有音樂公司徵一打掃工人，來了幾百個詞曲人，這麼多詞曲人也許要熬個十年才出頭，大多數人中途放棄，資源之不平均與高度集中，完全沒章法，那臺灣的音樂好嗎？我覺得在微弱充滿焦慮，憂心忡忡與邪僻、散亂、淫佚之間，反應一般人的感情是在不協調中。

臺灣的娛樂文化與流行音樂盛行，音樂教育卻越來越萎縮，古典音樂突然空掉了，看看其他音樂大國，家家戶戶傳出彈奏聲，臺灣在古典音樂國際大賽中一直掉名次，以前樂器貴，音樂課就唱唱歌，現在樂器相對便宜，如每人都會玩點樂器，或把演奏納入音樂課中，孩子的感情既能得抒發，學樂器講究有恆，可作為專注力與意志力的培養，所謂的禮樂教化不是應當如此嗎？

要說自然與社會孰美，我寧取盧梭；然自然離我們越來越遠之際，我們要創造第二、第三自然；如果真要參與社會，就要先修好自己，然後修好社會，只要一人能走一小步，那麼千萬人就千萬步了。

形式美與藝術美

形式指的是作品外在顯現的規律，如色彩、線條、形體、聲音、影像……之屬，它來自我們的感官經驗。人最敏感的是視覺，其次聽覺，故而初民最早形成的形式美大多是視覺的，如色彩，紅色最為鮮豔，醒目，再配上五行之說，成為漢代的國色；而黑色肅穆隆重，成為秦的國色，所謂「青青子襟，悠悠我心」，青藍色有寬闊又幽深之感，顏色能帶動人的情感，也是極重要的象徵標的。

在形體上，方形剛強，圓形柔和，城牆、宮室大多成方行排列；柱子為圓形，頗符合天圓地方的概念，房子是要與土地牢牢結合的，以對稱式的結構形成穩定感，代表穩固長久，高而窄的塔有仙氣但險峻，寬而平的房子相對現實穩定。就線條而言，直線剛利、曲線柔和、波浪狀流暢、幅射狀奔放、平行紋安定……，早期的雲紋是變化的曲線組成有祥和之象、雷紋是方形有剛強之意，水波紋則有流動之美；網紋有漁獵之喜感……這些都是感官自實際生活經驗中獲得。

早在青銅時期，紋飾已變得十分複雜，形式美常從簡單到繁複、低級到高級發展，它有幾個法則：

一、單純劃一重複

如花邊的圖案都是簡單一致且重複，它不但不顯單調，反而能強化圖案的力量，就像當今的 LOGO，我們比古人更愛這布滿單一圖案的 LOGO。

二、對稱均勻

也就是中線左右一致，人體堪稱代表，早在古希臘美學家就指出：「身體美確實在於部分之間的比例對稱。」

三、對比

如黑與白，美與醜、大與小……只要對比一出現即打破單調，人是最不能忍受單調的動物，人之所以崇拜自然，因其充滿對比，有太陽必有月亮，有夏天必有夏天，白水黑山、暴風與平靜，讓一切充滿變化與節奏。

四、調和

接近的事物有協調之美，如杜詩中說的：「桃花一簇開無主，可愛深紅愛淺紅。」紅與橘、橘與黃、紫與紅、黃與綠……都是調合色，詩經：「綠兮衣兮，綠衣黃裏。」有人說是悼亡詩，但顏色在這之中太重要了，外綠內黃的衣服，彩度好高又很調和，說明這其中的感情是何等溫柔。

五、參差

反差是不調和的，犯沖的，所謂「紅配綠，狗吃屎」，但參差是既對比又調和的，像桃紅配柳綠，這種中國式配色是醒目又大方的，張愛玲也講參差之美，也不忌諱犯沖之美，如〈傾城之戀〉：

好容易船靠了岸，她才有機會到甲板上看看海景，那是個火辣辣的下午，望過去最觸目的便是碼頭上圍列著的巨型廣告牌，紅的、橘紅的、粉紅的，倒映在綠油油的海水裡，一條條，一抹抹刺激性犯沖的色素，竄上竄下，在水底下廝殺得異常熱鬧。

這裡面「紅的、橘紅的、粉紅的」是調合色，在綠油油的水裡可就是狗吃屎了，無可懷疑，它也是美的。

六、比例

在古希臘就有黃金分割（比例），即 a：b＝（a＋b）：a，大約是五比三。書本、報紙、國旗大都採此比例，人體也以下身五、上身三為美。

藝術美專指藝術作品的美，它是藝術家的創造物。論及藝術美，歷來有兩種相反的意見，藝術美與現實生活無關；藝術美與現實生活必然有關。前者以黑格爾為代表，他否認藝術美來自生活，也否認現實美的存在，主張生活現實是絕對觀念的外化，因此真正的美由心靈產生，它是一種通過心靈再生的美，那才是藝術美，他認為藝術高於自然，「最傑出的藝術本領就是想像」，想像是主動的，幻想是被動的，想像是創造性的，因此他反對機械性的摹仿自然「靠單純的摹仿，藝術總不能跟自然競爭，它和自然競爭，就像一隻小蟲爬著去追大象。」黑格爾是客觀的唯心主義者，因此他強調心靈在藝術中的支配力量，想像力高於一切，「藝術作品的泉源是想像力的自由活動，而想像就連在隨意創造形象時也比自然較自由。藝術不僅可以利用自然界豐富多彩的形形色色，而且還可以用創造的想像自己去創造無窮無盡的形象」，所以說，沒有比心靈之美、想像之美更美的了，藝術美必然要藉此而生。

持相反看法的是車爾尼雪夫斯基，他認為藝術源自生活，肯定現實美。藝術美是現實美的「代用品」，藝術美與現實美的關係，有如印畫與原作「印畫不能比原畫好，它在藝術方面要比原畫低劣得多」；他又以為想像中的美不如生活中的美，藝術作品完成的美，遠不如想像的美，「在藝術作品中，完成的作品總比藝術家想像中的理想不知低多少倍。但是這個理想又絕不能超過藝術家偶然遇見的活人的美」。因此最美的是生活，藝術美低於生活美，最好的藝術品必須以生活為師。藝術品是靜態的，都是死物，絕無法跟活生生的現實相比，車爾尼雪夫斯基可說是客觀的唯物主義者。

到底是心靈較美，還是生活較美？藝術的想像與藝術的現實何者較為重要？藝術的靈感與取材必然來自現實生活，現實有醜有美，心靈也有醜有美，藝術家以生活為題材，透過創造性的想像，完成作品，此作品將醜陋的現實昇華為理想世界，心靈也由昏濁淬鍊為純美，這才成就藝術之美，生活是外緣的，心靈是內在的，缺一不可。

我比較相信生命力之美，也就是在生活中徹底展現生機與活力，而美好的藝術來自頑強的生命力。我很喜歡 vivid 這個詞，它意謂活的，生動的，凡是讓我們看到富於生命與生動的作品，那就是藝術美。好的作品生死人而肉白骨，能把死的變成活的，這裡需要創造性想像，也就是心靈美的展現，這種生命感，結合生活與現實。

藝術的感染力可由以下三點構成：一、情感的獨特性，你所描寫的情感有多獨特，感染力就有多大；二、傳達有多麼清晰，熟練的技藝可加強情感的清晰度；三、藝術家的真摯程度，真摯是創作者最好的品性，它能扣人心弦，感人至深。

歸納前人討論的藝術美特徵：

一、真實

羅丹說：「美只有一種，即宣示真實的美。」藝術美來自生活美，然藝術美卻高於生活美，而真實是它的靈魂。福婁拜寫活了包法利夫人，寫到她吃砒霜自殺，他口中似有砒霜味。當時福氏被起訴，罪名是妨害風化，他說「我是包法利夫人，包法利夫人就是我。」現在法國人說「每個法國人心中都住著包法利夫人」。

二、情感

人非草木，孰能無情，只要有真實的情感，必能使作品發光發亮。如李後主的詞，王國維稱為「血書」，因其情感的深度少有人及。

三、形象

作者創造鮮明的形象成為永恆的心象，而成為典型，所謂生死人而肉白骨，化腐朽為神奇即是。如《三國演義》、《水滸傳》寫活多少人物。

四、意蘊

思想的深刻度，能讓人得到啟發，好的作品兼具獨特性與普遍性。

五、獨創

因襲、陳腐為創作最應避免，原創度越高的作品越有價值。

六、跨越

好的作品不因時代變遷而減損它的價值，有些作品越來越受重視，而且不退流行，如湯顯祖《牡丹亭》所唱的崑曲雖跟時代有距離，然只要沉浸其中，越發覺得它的藝術性與現代意義。

壯美

哲學和美學論及「壯美」或「崇高」非常早，可考的是西元前羅馬學者海倫尼烏斯所寫的《修辭學》以及凱西流斯（Cecilius）所寫的《論壯美》，可惜這兩本書已經失傳，西元一世紀朗基努斯（Longinus）有〈論壯美〉一篇（On the Sublime），論述演說和詩歌中的壯美風格，是現今所能找到最早的壯美文獻。

一七五六年柏克（E. Burke）的〈壯美與優美起源的哲學探究〉（A Philosophical Enquiry into the Origin of our Ideas of the Sublime and Beautiful）清晰分辨兩者的特質，優美是來自快感，而壯美是源自於痛苦。由於兩者的對比就像黑與白，是如此的明顯與強烈，即使兩者也可以相融合，但基本上有截然不同的本質。討論壯美接著的，是一七六三年康德的〈優美和壯美感情的觀察〉（Observations on the Feeling of the Beautiful and Sublime）和一七九〇年的〈判斷力批判〉。這些經典之作，分別建構經驗主義、批判主義和後現代主義的壯美觀。簡單的說，「壯美」就是一種心理轉化機制，從痛苦、恐懼的負面情緒轉換為積極、樂觀的正面情緒。因此「壯美心境」的培養，本身就有豐富的情意教育含義。

康德由批判美學論壯美，將壯美的根源回到精神主體，並遙契自然和目的性的啟蒙精神，而打開了論述壯美的全新視野。

什麼是壯美？康德指出「壯美是靈魂中的某種氣質，這種氣質是吾人專注於反思判斷而被某種特殊的表象所喚醒，此非美感對象本有的表象。」而優美較傾向於本質的精緻、協調與平衡，只止於知性和直觀層次，可以說是先驗的；而壯美涉及數量或力量的無限大，人只有到理性層次才能處理「無限大」和「無形式」的對象，西方哲學中的理性可說是人類思想的最高表現。故優美是理解中不確定概念的展現，而壯美是理性不確定概念的展現。優美普遍必然性的先驗基礎在「共通感」，而壯美的普遍必然性的先驗基礎則在人性中的「道德感」。

在中國，陰陽之說很早，但陽剛美與陰柔美在美學與哲學上的討論較晚，在詩詞上早有「豪放」與「婉約」之分，前者近陽剛之美，後者近陰柔之美，清楚定義陰陽剛柔之美之說，最先是姚鼐的〈復魯絜非書〉。他說：「鼐聞天地之道，陰陽剛柔而已。文者，天地之精英，而陰陽剛柔之發也。」這是把陰陽與剛柔配置在一起，變成美學的觀念，那已是清代，又說：「其得於陽與剛之美者，則其文如霆、如電、如長風之出谷、如崇山峻崖、如決大川、如奔騏驥；其光也，如杲日、如火、如金鏐鐵；其於人也，如憑高視遠、如君而朝萬象、如鼓萬勇士而戰之。其得於陰與柔之美者，則其文如升初日、如清風、如雲、如霞、如煙、如幽林曲澗、如淪、如漾、如珠玉之輝、如鴻鵠之鳴而入寥廓；其如人也，漻乎其如沸歎，邈乎其如有思，諳乎其如喜，愀乎其如悲。」這樣的描述與尼采可說相互輝映，陽剛是剛健的、雄偉的，相當於西方美學中的崇高（Sublime）；陰柔是秀麗的、婉約的，相當於所謂秀美（Grace）。司空圖《二十四詩品》分得很細，雄渾、沖淡、纖穠、沉著、高古、典雅、洗煉、勁健、綺麗、自然、含蓄、豪放、精神、縝密、疏野、清奇、委曲、實境、悲慨、形容、超詣、飄逸、曠達、流動，這其中雄渾、豪放、勁健都可納入陽剛之美的範疇；典雅、綺麗、含蓄可納入陰柔之美的範疇。

以小說為例，《三國演義》、《水滸傳》得陽剛之美；《紅樓夢》得陰柔之美，《三國演義》結合歷史傳說與戰爭描寫，使得這本書充滿可歌可泣的史詩精神，要說中國無大型史詩，《三國》故事的英雄豪傑之描寫，與忠義感天泣地的主題，它具有史詩的大多特質：

一、以某個英雄為中心，通常是在軍事、民族或宗教的重要人物，甚至是半人半神。
二、龐大的背景設定，廣闊無邊的地理環境，包含了許多國家，世界或宇宙。
三、英勇的戰鬥或勇敢的行為。
四、故事中出現神、天使、魔鬼等神靈。

五、持久的旅程，而且通常充滿異國情調。

六、詩人保有客觀性。

《三國》故事中的英雄人物以政治、軍事為主，戰爭場面浩大，且歷時輾轉二十年，空間縱橫古中國；作者也以客觀寫實的筆法為之。然它不只是歷史戰爭故事，它還是描寫謀士鬥智之書，諸葛亮、周瑜、司馬懿、魯肅、鳳雛……這些允文允武的統帥，不僅能說善辯，通曉經綸，琴藝詩文也是一流，但一上場是通曉兵法的統帥，它擴大英雄豪傑的定義，有曹操這樣的奸雄，也有司馬懿這樣的詭雄；更有那舌戰群儒的神雄諸葛亮；風流瀟灑的仙雄周瑜，貌醜心俊的鬼雄鳳雛；知人通達的通雄魯肅……更有那數不清能征善戰的武將，共譜驚天動地的史詩，說它陽剛太簡單，它時而悲慨時而超逸，時而實境時而流動，他結合說客、謀士、霸氣、武藝、忍辱、騷客……為新英雄，讓過往的英雄黯然失色，蘇秦、張橫、項羽、劉邦、陳平、韓信……跟他們相比過於單一；它將陽剛之美發揮到極致的同時，表現出人品之美，可說是奇絕。

《水滸》故事與之相比，英雄人物的階層低些，戰爭場面更是不如，然細節描寫與對話更為精進，光是武松打虎一節就用了兩千字描寫，武打的動作寫得很細，摘重要時刻也有八、九百：

武松走了一程，酒力發作，熱起來了，一隻手提著哨棒，一隻手把胸膛敞開，踉踉蹌蹌，奔過亂樹林來。見一塊光華的大青石，武松把哨棒靠在一邊，躺下來想睡一覺。忽然起了一陣狂風。那一陣風過了，只聽見亂樹背後撲地一聲響，跳出一隻吊睛白額老虎來。

武松見了，叫聲「啊呀！」從青石上翻身下來，把哨棒拿在手裡，閃在青石旁邊。那隻老虎又饑又渴，把兩隻前爪在地下按了一按，望上一撲，從半空裡躥下來。武松吃那一驚，酒都變做冷汗出了。說時遲，那時快，武松見老虎撲來，一閃，閃在老虎背後。老虎背後看人最難，就把前爪搭在地下，把腰胯一掀。武松一閃，又閃在一邊。老虎見掀他不著，吼一聲，就像半天起了個霹靂，震得那山岡也動了。接著把鐵棒似的虎尾倒豎起來一剪。武松一閃，又閃在一邊。

原來老虎抓人，只是一撲，一掀，一剪，三般都抓不著，勁兒先就泄了一半。那隻老虎剪不著，再吼了一聲，一兜兜回來。武松見老虎翻身回來，就雙手掄起哨棒，使盡平生氣力，從半空劈下來。只聽見一聲響，簌地把那樹連枝帶葉打下來。定睛一看，一棒劈不著老虎，原來打急了，卻打在樹上，把那條哨棒折做兩截，只拿著一半在手裡。

這麼細的武打可能是說話人的精神語氣，書中像這樣的描寫甚多，同是書寫英雄豪傑，《三國演義》是挑重點寫；《水滸傳》則是精雕細琢，故而人物鮮活，對話生動，前者以境界大勝出；後者氣韻生動，各擅勝場。

優美

康德解釋優美是對象吸引力所產生單純的快感、靜觀的愉悅、身心和諧通暢的狀態、是「吸引力和遊戲的想像力」（charms and a playful imagination）、是「積極的快感」（positive pleasure）；壯美則是痛苦和畏懼所轉化而成的間接快感，它的產生是生命力受到瞬間的阻礙，接著更強大的生命力隨之湧出，在那個瞬間，情緒暫停、想像力死寂。當此時刻，對象對主體的吸引力發生了拒斥的作用，與優美的「想像力遊戲心態」相對比，它較是生命力受威脅的「嚴肅的心態」，在本質上比較是驚訝和崇敬、是消極的快感（negative pleasure）。

欣賞優美的事物，欣賞者處於靜觀的心境；欣賞壯美的事物，欣賞者的內心卻處於一種轉換的動態。數學的壯美是將數量無限大的理解轉換為想像力的對象；而力學的壯美則是將力量無限大的理解轉換為想像力的對象。

因此，白水黑山、金剛怒目是壯美；杏花煙雨、菩薩低眉是優美。

以《紅樓夢》為例，它不僅歌詠女子之美，也歌詠女性化的男子為美，甚至裡面的任一事物無不優美，令人想到這種美的轉化是何時開始的？道家是偏優美的，所謂「上善若水」、「道乃玄牡之門」；儒家雖有孟子講養浩然之氣，然講仁愛忠恕之道、禮樂詩書之教化，怎麼說也不能算壯美，漢民族在周以前是原始氏族社會，野性十足；在周以後至戰國時代，文學藝術如以《詩經》、《左傳》來看，也不能說是壯美，根據研究文字學者的說法，「美」這個字，依許慎的《說文解字》是羊與大兩字組合，即是「羊大為美」。在祭祀時三牲、五牲、七牲中都一定有羊，被選來當祭品的羊一定要選大的羊，才顯得莊重。故而在古人眼中羊是美的，因此可以祭天祭神。

羊大為美有三層意思：其一健康壯碩的羊，其二軀體高大的羊，我們可以想像古代的羊如何巨大如何美麗，跟現代應有差距，就跟豬一樣，野豬必然比現代巨大，且威武；其三羊群裡最為大多數的羊（最正常的羊）。不管哪一種指涉都與「美的概念、審美觀」有關，也都與當時「美的概念」與儀式性、莊重性有關，我們甚至可以說美的概念起源於（向祖先）祭祀的需求，而與（人為）善的概念、（向天）祈福的概念是一起發展起來的。

不但「美」的概念與「善」的概念是一起發展起來的，所謂「盡善盡美」的先盡善而後盡美的先後順序，善先於美，因此在審美意義上是「善」高於「美」，或是說「美」的追求目的是為了「善」。在「論語」中有兩句話說明了這種善高於美的審美觀：

子在齊聞「韶」，三月不知肉味，曰：「不圖為樂之至於斯也。」

子謂「韶」：「盡美矣，又盡善也」。（子）謂「武」：「盡美矣，未盡善也。」

韶樂到底是什麼，讓孔子這麼醉心呢？傳說舜帝南巡為征服三苗，手執弓矛的苗民將其團團圍住達三天三夜，形勢危急之時，舜帝不但沒有動武，還率領眾人在所立山頭三天三夜中奏起「韶樂」，一時，鳳凰來儀，百鳥和鳴。原來虎視眈眈的苗民在和美的樂聲中一個個丟弓棄矛，伴著節奏跳起舞來。為什麼有這等魅力，令人感到好奇。

經過後人研究與復原，大抵是這樣的，它由九支曲子構成，它有壯美，但大多是優美的，具有溫文典雅的特性：

第一曲：韶韻。序曲音樂是古樂器塤、箏、鐘、磬等構成的肅穆、典雅、神祕，能把人們帶入一種神祕的氛圍。

第二曲：祭祀、狩獵。土號聲吹起，伴隨著慢節奏鼓聲，苗蠻們捧著火盆，手執祭鈴，在巫師帶領下開始祭拜先祖的儀式。突然，一聲聲粗野的吆喝「呵、呵」從四方傳來，接著，急驟鼓聲響起。祭禮的山民在強烈鼓聲的伴奏下，上演一場血雨腥風的原始戰爭舞蹈。

第三曲：有鳳來儀。雲中仙女吹著排簫，飄飄降臨。這時響起清脆的鐘、磬聲響，原先沉睡的山民甦醒了，伴著鼓聲的節奏一起起舞，殘酷的戰場變成祥和的景象。

第四曲：南風歌。相傳為舜帝作詞：「南風之薰兮，可以解吾民慍兮；南風之時兮，可以賦吾民之財兮。」南風徐徐，多麼溫柔的歌曲。

第五曲：關雎。即《詩經》中的〈關雎〉：「關關雎鳩，在河之洲，窈窕淑女，君子好逑。」又是一首情思旖旎之作。

第六曲：湘夫人。舜的二妃死後化作湘水與竹淚，多麼浪漫！

第七曲：雲水。原是一首古琴曲，想必是空靈柔美的。

第八曲：缶韻。此曲出自古代詩歌：「日出而作，日落而息；鑿井而飲，耕田而食；我勞我息，自飲自食，爾等堯者與我何及，帝力與我何有哉？」

第九曲：卿之歌。詞曰：「卿雲爛兮，縵縵兮！日月光華，旦復旦兮！」

光從這些曲子的曲名、歌詞、組合就覺得美不勝收，都是經典而流傳久遠的曲子，它可說是南方柔美之歌，怪不得能化干戈與戾氣，讓人三月不知肉味。這裡面的盡善盡美，是善之至極與美之至極。如果說「南風之薰兮，可以解吾民慍兮；南風之時兮，可以賦吾民之財兮。」是善的極致；那麼「卿雲爛兮，縵縵兮！日月光華，旦復旦兮！」是美的極致。

既然是善高於美，理性之美至上，為何漢文化被稱為「明朗剛健、流動波磔」呢？李澤厚先生在《美的歷程》一書中說到：「其實，漢文化就是楚文化……漢起於楚地，劉邦、項羽的基本隊伍和核心成員大都來自楚國地區。楚漢浪漫主義是繼先秦理性精神之後，並與它相輔相成的中國古代又一偉大藝術傳統。它是主宰兩漢藝術的美學思潮。」楚文化的特色是：

崇火尚鳳、親鬼好巫、天人合一、浪漫主義，與中原文化尚土崇龍、敬鬼遠神、天人相分、現實主義形成強烈對比。

尚赤，建築服飾器物均以赤為貴；尚東，生之坐向、死之墓向均以東為榮。

楚文化偏重於情感，而不是禮法，在念祖、忠君、愛國上，楚文化比中原文化表現得要更為強烈。

漢人尤其喜愛楚歌。「力拔山兮氣蓋世，時不利兮騅不逝，騅不逝兮可奈何」，楚漢戰爭末期，西楚霸王陷入「四面楚歌」的困境，對著虞姬唱出〈垓下歌〉。張騫通西域後，把中西亞的摩訶兜勒曲和匈奴的北狄樂帶回中國，當時樂官李延年據以製成「新聲二十八解」，聽到的人都大受感動。從此，中國的音樂在民間音樂和外族音樂的互相影響下更加蓬勃發展。從這個時侯開始，中國音樂有古樂和胡樂之分。古樂是指上古以來的傳統的本土音樂，胡樂則指從外來胡人吸收的音樂。另外漢武帝時設樂府，採集許多民間歌謠與外來歌曲後，在東漢晚期，出現琴曲〈垓下歌〉，表現出中國古代音樂的陽剛之美。

陽剛之美如何轉變為陰柔之美，觀察點有魏晉清談與《世說新語》，宋重文輕武，到明清已是陰柔之美的天下了，因此《紅樓夢》是優美集大成之書。在《紅樓夢》賈雨村對冷子興說的一段話：

> 今當運隆祚永之朝，太平無為之世，清明靈秀之氣所秉者，上自朝廷，下至草野，比比皆是。所餘之秀氣，漫無所歸，遂為甘露，為和風，洽然溉及四海。彼殘忍乖僻之邪氣，不能蕩溢於光天化日之下，遂凝結充塞於深溝大壑之中，偶因風蕩，或被雲摧，略有搖動感發之意，一絲半縷，誤而逸出者，值靈秀之氣適過，正不容邪，邪復妒正，兩不相下，如風水雷電，地中相遇，既不能消，又不能讓，必至搏擊掀發後始盡。

「秀氣」是本書欲描寫的人物與美感或者說是美學，在一個舉國上下都追求「秀氣」（優美），而秀氣為邪氣所蕩而逸出，生而為人則聰明俊秀在千萬人之上，乖僻邪謬不近人情之態，又在千萬人之下，生於富貴就是情癡情種，若生為詩書之家則為逸士高人，生於寒門則為奇優名倡，全書描寫的正是這一系列集優美於一身的情癡情種、逸士高人、奇優名倡，或者這三者的排列組合，且無論男女都優美，你說它是一本品人之書亦無不可，是一本更巨大完整的「世說新語」。

人品優美，言語、文物、建築自然也是以優美為勝，最具代表性的人物是賈寶玉、尤三姐與齡官，前者是情癡情種與逸士高人的組合，十二金釵大都是這類，尤三姐、齡官是前兩種加奇優名倡，感覺上越邊緣的人物越奇絕，妙玉、晴雯、香菱、齡官……，作者用了許多筆墨描寫這些較邊緣的人物，看來開了新境，然確是與古代「易地則同之人」，寫這種千古不易的優美人種，讓我們產生單純的快感、靜觀的愉悅、身心和諧通暢的狀態，這就是康德所說的「吸引力和遊戲的想像力」，它讓我們受到強烈的吸引，進而產生自由且富於樂趣的想像，最後達到專注、寧靜的效果，這便是優美至極的效果。

非美的範疇

優美與壯美屬美的範疇，那是美之美，也就是題材是美的，技巧也是美的，以美麗的人物、山水、物件……為描寫對象，然過於狹隘，它們的美是單純之美，只能解釋傳統文學或藝術，所謂「美只有一種，醜卻有千百種」，非美的範疇有悲壯、怪誕、滑稽……，它們是複雜的美，張愛玲曾寫過：「我不喜歡悲壯，只歡蒼涼。」蒼涼可說是有缺憾的美，並感覺個人的渺小，孤獨，如杜甫所說的「獨立蒼茫」，蒼涼與蒼茫接近，是非美的一種；另外杜甫形容李白「飛揚跋扈為誰雄」，「飛揚跋扈」可說是壯美的一種，而他形容自己「沉鬱頓挫」，沉鬱是情調，頓挫則指向音調，沉鬱與波特萊爾所說的「憂鬱」接近，現代文學大多是憂鬱的，這在波特萊爾的《惡之華》，就有一系列題為〈憂鬱〉的組詩，可視為現代文學的基調。

如果蒼涼、憂鬱、怪誕、滑稽納入非美的範疇，含納非美因素越多的作品越複雜，越有實驗精神，如波特萊爾的〈腐屍〉：

回想一下我們看到的那個東西，親愛的
在那美好、溫和的夏日早晨
在小路拐彎處
一具汙穢的腐屍躺在撒滿碎石的路基上
它四腳朝天，像個蕩婦一樣
熱烘烘的，冒著毒氣
無恥而又滿不在乎地露出它脹氣的肚子
太陽照著這團爛肉
彷彿要把它烤得正到火候
彷彿要向偉大的自然百倍地返還
曾被她結合起來的萬物
天空注視著這鮮花般綻放的美妙的骸骨
那臭味如此強烈
你簡直快要暈倒在草地上
蒼蠅在這腐爛的肚子上嗡嗡作響
從肚子裡爬出了一大群黑色的蛆蟲

像一股濃稠的液體
沿著這活的破布流淌
整群蛆蟲波浪般起起伏伏
橫衝直撞，閃閃發光
彷彿因不明之氣而脹起的這具屍體
靠繁殖活著
這個世界發出一種奇特的音樂
像流水，像風，像穀粒
被簸揚者用有節奏的動作
在簸箕裡顛搖、翻轉
外形已經模糊
只留下一個夢
一幅遲遲沒有畫出的草圖
在遺忘的畫布上
藝術家只能靠記憶把它完成

這首詩雖以詩行排列，然文體較接近散文詩，題材以非美（或者醜）的「腐屍」為主軸，它已脫離傳統「美之美」——壯美與優美的範疇，它結合醜怪、憂鬱這兩大因素，卻在結尾回馬一槍，超脫其上，原來寫腐屍的目的為「肉體雖死，而愛成永恆」，這又予人悲壯之感。醜怪、憂鬱、悲壯皆非美的基準，然而它更複雜，所引發的感情也是複雜的，因此在現代藝術中非美的基準更為重要。

在中國李賀、孟郊、賈島皆是非主流作家，差異就在美的追求上脫離美之美，而走向非美之美，所謂「郊寒島瘦」，孟郊詩以短篇五言最多，沒有律詩，擅寫社會詩，如〈塞地百姓吟〉、〈長安早春〉、〈殺氣不在邊〉、〈傷春〉等等。他不用陳言腐語，喜白描手法，語言明朗淡素，力避平庸淺易，名篇如：

慈母手中線，遊子身上衣，臨行密密縫，意恐遲遲歸。誰言寸草心，報得三春暉。

（〈遊子吟〉）

他的社會詩流傳不廣，這首描寫親情的抒情詩卻膾炙人口，「慈母手中線，遊子身上衣」自然是美的，而且是優美的，有溫度的。但像「冷露滴夢破，峭風梳骨寒。席上印病文，腸中轉愁盤」、「蜿蜒相纏掣，犖確亦迴旋。黑草濯鐵發，白苔浮冰錢」這種句子就顯得冷僻怪異，而且是個「低溫作家」，這才是他的主要特色，他是苦吟派，所謂的苦吟是想得久，寫得慢，也就是賈島說的：「兩句三年得，一吟雙淚流。」賈擅長五律，也是「低溫作家」，造句奇特，代表作有〈尋隱者不遇〉：「松下問童子，言師採藥去；只在此山中，雲深不知處。」也是唯一傳世的名篇，但一點也不怪異，像以下這樣的句子才是他的本色，「圭峰霽色新，送此草堂人，麈尾同離寺，蛩鳴暫別親。獨行潭底影，數息樹邊身。終有煙霞約，天臺作近鄰。」他是當過和尚的詩人，怪不得歐陽修譏其詩如「燒殺活和尚」。

最典型的非美詩人自然是杜甫，他才是苦吟派教主，「為人性僻耽佳句，語不驚人死不休」，因此他的詩表面上合於格律，在內容上可謂千奇百怪，無奇不有：

茅屋為秋風所破歌

八月秋高風怒號，卷我屋上三重茅。
茅飛渡江灑江郊，高者掛罥長林梢，下者飄轉沉塘坳。
南村群童欺我老無力，忍能對面為盜賊。
公然抱茅入竹去，唇焦口燥呼不得，歸來倚杖自嘆息。
俄頃風定雲墨色，秋天漠漠向昏黑。

布衾多年冷似鐵，驕兒惡臥踏裡裂。
床頭屋漏無乾處，雨腳如麻未斷絕。
自經喪亂少睡眠，長夜沾濕何由徹！
安得廣廈千萬間，大庇天下寒士俱歡顏，風雨不動安如山！
嗚呼！何時眼前突兀見此屋，吾廬獨破受凍死亦足！

就題材而言，茅屋被秋風吹破一個大洞絕非美的題材，也很少人會把它入詩吧！這是作者擅於自嘲，然自嘲中還有許多其他的成分：憂鬱、怪誕，這首詩寫到「長夜沾濕何由徹」也夠看了；結尾的陡轉是何等氣勢，何等胸襟，這裡有著悲壯之美，尤其是「安得廣廈千萬間，大庇天下寒士俱歡顏，風雨不動安如山」，可說是國民住宅、社會住宅的提出者，當然這是笑話，許多房屋廣告卻拿來當文案，讓人哭笑不得。

杜甫的詩常結合悲壯、滑稽於一處，有時怪誕，而憂鬱是他作品的基調，因此是複雜之美，更是充滿前衛、實驗精神；跟李白相比，李詩多數壯美，是美之美，但他也有「遊仙詩」、「思婦詩」等不同風格之作，不能說單純，如酒詩與月詩、酒神精神與太陽神精神，同時具備明麗之美與醉狂之力：而杜詩明麗之時不醉狂，醉狂之時不明麗。這是他們的差異之處。兩人卻是同樣博大精深。

醜之美

在莊子一書中，至人、真人、聖人不但是無為與無用之人，有時常是醜怪之人，他的美學可謂醜之美之發揚，是具有現代意義的。藝術以美為題材，醜怪是很難登文學藝術之殿堂。在西方，《聖經》題材或有不美之人事物，大底是神聖之追求，或犧牲或背叛也有悲涼之美；拉伯雷描寫人的貪欲與排洩算是醜之美的一種；莎士比亞《李爾王》寫年老昏昧；《奧賽羅》寫妒忌；《威尼斯商人》寫精苛吝嗇……都跟醜之美有關，但真正有系統地描寫醜之美與有理論產生的文學家是雨果，是他說：「美只有一種，而醜有千百種。」

雨果寫於一八三一年的《巴黎聖母院》（鐘樓怪人），其中的凱西莫多外貌醜陋，但心地純潔善良，女主角艾絲梅拉達則是美的化身，凱西莫多則是醜的化身。

《笑面人》發表於一八六九年，小說有著和巴黎聖母院一樣的美醜對比。主人公格溫普蘭出生貴族，但因宮廷內的勾心鬥角，小時候被毀容。後來被民間藝人「熊」（烏蘇斯）收養。小說情節扣人心弦，格溫普蘭命運大起大落，可是因為愛人「女神」的病逝，徹底絕望，投河而去。《笑面人》的創作標誌著作者向寫實主義邁出了一大步。

在中國，徐文長認為自己「書第一，詩二，文三，畫四。」我們現在看他的作品，書法與畫作雙絕，難分上下，書法確是卓逸，他的詩文倒是沒有書畫的開創性。總的來說他開創了什麼？他不寫實，只表達個性，我們稱它為「寫意」，像他畫的竹子，葉子只鉤勒不填色，而且東倒西歪，這都跟傳統的畫法大大不同。他特別注重繪畫的「生韻」、「生動」。他曾在一首詩中提到：「畫病，不病在墨輕與重，在生動與不生動耳。」他認為畫家如果要表現自己獨特的氣質、胸次、情性，就必須選擇相應的題材。他在題一幅水墨牡丹時提到：牡丹不是人人都畫得，它太富貴了，像他這種奇人，只能畫竹畫菊。從他的這些見解來看，他的創作自覺很清醒。正是他這清醒使他在瘋狂中更顯出過人的胸襟。並把他視為大寫意畫派的創始人。

再談齊白石，他生於清同治二年，家鄉在湖南湘潭杏子塢星斗塘，家境貧寒，靠一畝水田生活，還無法吃飽，還須依靠打零工才能餬口。他自己說「我們家鄉，做飯是燒稻草的，我母親看稻草上面，常沒打乾淨，剩下來的穀粒，覺得燒掉可惜，用擣衣的椎，一椎椎的椎了下來，一天可以得穀一合，一月三升，一年就三斗六升了，積了差不多的數目，就拿去換棉花。又在我們家裡的空地上，種了些麻，有了棉和麻，我母親就春天紡棉，夏天織麻。……我母親織成了布，染好了顏色，縫製成衣服……」這裡面實實在在的生活經驗，都成為他創作的來源，譬如齊白石喜歡畫小動物：蝦蟹、青蛙、蝌蚪、掃帚、犁田的牛、小雞、稻穗、菜蔬、果子、牛糞……，把這些一般人常見卻不以為美的畫出靈性與活力。這可說是「庶民美學」。齊白石的庶民性格成為他一生最重要的思想與藝術的基礎。強韌的生命力可說齊白石「庶民美學」的最大的特色，。它畫的蝦蟹好像是海中的巨鯊般威猛；而大白菜也是巨大到可以塞滿畫面，這種擴大是另一種變形，反而具有怪誕的效果。

醜之美與怪誕結合時更能展現另類的威力，怪誕原是指不合經典的阿拉伯風，後來變成非經典、另類、怪物的指稱，如廢墟、鬼怪、腐爛之物都是醜的，作為藝術的題材卻充滿實驗性，如布紐爾的《安達魯之犬》，光是裡面用刮鬍刀割眼球那一幕就夠嘔，還有不男不女的男主角、鋼琴上一匹腐爛的驢子屍體……，是怪才布紐爾與達利合作的作品，作品公布時，在藝術家聚集的咖啡廳，他們對好的作品投以掌聲，對不佳的作品毫不客氣丟雞蛋、石頭，布紐爾口袋中準備了一些石頭準備反擊，沒想到影片播完，掌聲熱烈，說他拍出他們心目中超現實主義作品。

欣賞美之美的作品較容易，醜之美的作品要過一段時間才有人懂得欣賞。

現在的寫作者越來越喜歡醜怪之物了，B年少的作品優雅、柔美，過了三十，盡寫些屎尿、口交、放屁、動物比人多的世界，表面上是這樣，內在卻是極度溫柔與悲傷，像這樣的作品看習慣也就好了，總比那些大而無當的作品好些。

亨利．米勒的作品也曾被斥責為「汙穢」，並封為是「汙言穢語之王」，「文學史上最淫穢的作家」。米勒之所以採用這種風格，跟受到過許多反傳統、反社會、具有強烈叛逆傾向的思想家和作家的影響有關，如盧梭、拉伯雷、尼采、布勒東等人，同時汲取了多種哲學思想，如自然主義、表現主義、達達主義、超現實主義等。主要是美學觀的不同，汙穢是醜的，但它跟兒童期固著於口腔、肛門、性蕾一樣，兒童並不以髒話、便便、性器為醜，或者沒有分別美醜的觀念，然而它們是受壓抑的，這些被認為是汙穢的，跟汙穢的現實相比，它們自然多了。

明麗之美與醉狂之力

《悲劇的誕生》（*Die Geburt der Tragödie aus dem Geiste der Musik*）是德國哲學家尼采於一八七二年出版的處女作，是獻給他崇拜的華格納的美學著作。在這本書中尼采提出了酒神精神和太陽神精神來稱頌希臘悲劇之精神，藉以超越叔本華悲觀厭世的哲學；宗白華把太陽神之美解釋為「夢」之美，酒神之美解釋為「醉」之美。太陽神阿波羅代表的精神是訴諸美的表象，酒神狄奧尼索斯代表的精神則是訴諸悲劇或音樂的，又分別代表沉靜及陶醉、激情，尼采尤其推崇後者。

酒神（狄奧尼索斯）和太陽神（阿波羅）是尼采哲學中的一組重要美學觀念。在《悲劇的誕生》一書中，他用這兩個形象比喻希臘悲劇生成的兩個因素。太陽神精神表現為夢境，它為作品帶來美好的樣貌；酒神精神則對應醉境，它為作品帶來迷人的魔力。夢境無疑是美好的，它猶如光明的太陽為人間帶來色彩，人們在其中依稀看到神的形象。而夢境讓人沉湎於幻覺。尼采認為，太陽神與酒神這兩種力量在心靈中衝突又平行發展，經過曲折的演變竟結合為一，最後產生希臘悲劇。

尼采認為人類的藝術來源於太陽神精神和酒神精神的對立與衝突。藝術家或是太陽神的夢的藝術家，或是酒神的醉起藝術家，或者二者兼而有之。在日神與酒神這兩個概念中，尼采更重視的是酒神，因為「日神不能離開酒神而存在」、「希臘悲劇是太陽神與酒神精神相結合的產物，在根源上，卻出自於酒神精神。」希臘悲劇乃至藝術衰微的原因是由於把那原始的全能的酒神因素從悲劇中排除出去，把悲劇完全建立在非酒神的藝術、風俗和世界觀基礎之上。

阿波羅精神實現在作品中，是形式比例完美，風格明朗，合於格律，富於理性，可說是明麗之美；酒神的精神出現在作品中，則為激情、超越，非理性；可說是醉狂之力。日神美在形式，酒神美在內容。這兩者缺一不可，一個藝術家徒有美好的技巧與形式，如果缺乏豐富且深刻的內在，是無法寫出感人的作品。

我有一女學生愛好寫作，然個性放不開，寫出的文字精美歸精美，內容卻很空洞，她的家庭複雜，情感早熟，因此過於護衛自己，在有男朋友之下，也不敢寫及自我，也就是說她的作品有明麗之美，卻缺乏醉狂之力。如此奮鬥五、六年，同儕多已出書，這時她失戀，好像豁出去了，文章常裂開一個口，汨汨流出只有她自己才有的憂傷，雖然還是有點隱晦，然已令人著迷，寫作不一定要暴露，但只要真情流露，一點點癡一點點狂，就會讓人神魂顛倒。

另一個女生則是相反，她的個性疏狂，情感坎坷，可謂嶔崎磊落，也很敢寫，然寫來常離題而碎亂，散文最困難的是結構，她的作品有醉狂之力，缺乏明麗之美，寫到第十年，她終於找到清楚敘述自己的方式，雖然還是有點晦澀，然很有自己的風格，十年鍊一劍，不容易阿！

有些天才作家，同時擁有明麗之美與醉狂之力，第一流的作品常具有兒童的品質，明朗熱情，開誠布公，寫出自己的癡與醉，這樣的作家自然不多，沈從文算吧！白先勇也是一個，他們的作品一點也不晦澀，魯迅與張愛玲才氣高超，然少了一絲絲明朗與赤子之心。但他們的作品在醜之美的捕捉，醉狂之力的表現皆是古今少有。可見得人的才氣皆有所偏，很難達到力與美的平恆，這也是尼采要追溯希臘悲劇的原因。

我們就舉最簡單的《安蒂岡妮》：安蒂岡妮是伊俄卡斯忒與其子伊底帕斯不知情的亂倫後生下的女兒。當國王克里昂宣布波呂尼刻斯是叛徒，將他的屍體拋棄在野外，任其腐爛和被野獸吃掉，並不許任何人收屍。安蒂岡妮不顧克里昂的禁令，埋葬了哥哥的屍體。克里昂為此判處安蒂岡妮死刑。克里昂之子希門（Haemon）——即安蒂岡妮之未婚夫——直言進諫終歸徒然，父子尚且因此失和。希門為此萬念俱灰，跟隨安蒂岡妮殉情。其母尤瑞迪息（Eurydice）聞知愛子凶耗，也自殺身亡，其中最大的衝突即是安蒂岡妮不顧眾人反對，一意反抗王權，令我們想到棄市的荊軻，最後由妹妹聶縈收屍，也曾被改編為話劇，在某個時期很盛行，它的美一方面是劇中人物形象之鮮明，衝突是如此有力，而形成的明麗之美，一方面是一個接一個的死亡像命定般無法抗拒，令人心顫膽寒，這就是醉狂之力。

另外在《米底亞》中，被丈夫背叛的米底亞說出的棄婦心聲是多麼歷古而彌新：

壞透了的東西！——我可以這樣稱呼你，大罵你沒有丈夫氣，——你還來見我嗎？你這可惡的東西還來見我嗎？你害了朋友，又來看她；這不是膽量，不是勇氣，而是人類最大的毛病，叫做無恥。但是你來得正好，我可以當面罵你，解解恨；你聽了會煩惱的。

且讓我從頭說起：那阿耳戈船上航海的希臘英雄全都知道，我父親叫你駕上那噴火的牛，去耕種那危險的田地時，原是我救了你的命；我還刺死了那一圈圈盤繞著、晝夜不睡地看守著金羊毛的蟒蛇，替你高擎著救命之光；只因為情感勝過了理智，我才背棄了父親，背棄了家鄉，跟著你去到珀利翁山下，去到伊俄爾科斯。我在這裡害了珀利阿斯，教他悲慘地死在自己女兒的手裡。我就這樣替你解除了一切的憂患。

可是，壞東西，你得到了這些好處，居然出賣了我們，你已經有了兩個兒子，卻還要再娶一個新娘；若是你因為沒有子嗣，再去求親，倒還可以原諒。我再也不相信誓言了，你自己也覺得對我破壞了盟誓！我不知道，你是認為神明再也不掌管這世界了呢，還是認為人間已立下了新的律條？啊，我這隻右手，你曾屢次握住它求我；啊，我這兩個膝頭，你曾屢次抱住它們祈求我，它們白白地讓你這壞人抱過，真是辜負了我的心。

希臘戲劇的形式很特別，除了演員的臺詞還參雜著歌隊的表演，歌手都是精挑細選，光聽歌隊的表演已是莫大享受，劇本經過激烈的競賽都是傑作，演員在神人之間，戴著面具，在臨海的圓形劇場演出，那種地方聲音易被吞沒，人以自然為背景，如同宗教儀式，龐大的歌隊發揮作用，演員服飾誇張，聲量要高分貝，劇本嚴謹，節奏緊湊，劇情的衝突神展開，在形式上已得明麗之美；在內涵中充滿醉狂之力。可以說這樣的劇種很空前絕後，怪不得尼采再三致意。

輯四

美的批評與演變

中國的美學不但論陰陽，也論清濁，因此人也分清濁。當中國在討論清與濁，水與泥；西方在討論動與靜，美與醜，萊辛認為，詩人不能採取靜觀的態度，而應以行動參與生活。這裡都是古典美與現代美的重要分水嶺。

清與濁

中國的美學不但論陰陽，也論清濁，天清地濁，因此人也分清濁，《太上清靜經》就說：「夫道者，有清有濁，有動有靜，天清地濁，男清女濁，男動女靜，降本流末，而生萬物，清者濁之源，動者靜之基。人能常清靜，天地悉皆歸。」這時男人是清的，女人是濁的。

曹丕從天地萬物，進而延伸至文章之道，〈典論論文〉風格論說：「文以氣為主，氣之清濁有體，不可以力而致。」清指俊爽超邁的陽剛之氣，濁指凝重沉鬱的陰柔之氣，人的氣質個性可大致分成這兩大類。兩者是從總體分析，但具體的作家、作品的風格，又會複雜些，因此他評論說：「徐幹時有齊氣、應瑒和而不壯，劉楨壯而不密，孔融體氣高妙。」也就是男性文風也有清有濁。那時常把女人比作濁或泥，如曹植〈七哀詩〉：「妾如濁水泥。」可說男人大體為清，女人大體為濁，在這裡清濁並無好壞之分。

張載的人性論根據宇宙論而來，他以為太虛既有凝聚的動力，它的凝聚使萬物生成，人也是萬物之一，所以人也是太虛所凝聚而成的。由於太虛有陰陽清濁之分，所凝聚成的人，其氣質心性，也有賢愚善惡的不同。所以他對天、道、性、心四者的解釋，也是不脫其宇宙論的色彩。張載的人性論，根據宇宙論而來，他以為人之陰陽清濁，皆來自太虛，太虛可說是「空」、「太乙」的狀態，然張載說的人性應該泛指男女眾生，此後清濁論成為人品論的基礎，取代單純的陰陽之分，在這裡清濁也無好壞之分。在理學庸俗化之後，在命理學中也常論及清濁，然卻轉為正邪之辨，如《冰鑑神骨章》相家論神：

有清濁之辨，清濁易辨，邪正難辨；欲辨邪正，先觀動靜，靜若含珠，動若水發；靜若無人，動若赴敵。此為澄清到底。靜若螢光，動若流水，尖巧喜淫，靜若半睡，動若鹿駭，別才而思，一為敗器，一為隱流，均之託跡二清，不可不辨。

這裡清是正，濁是邪，清濁已有正邪好壞之分，如把女人比為泥以曹詩為準，到管夫人的〈你儂詞〉已是你泥中有我，我泥中有你，男女都是泥了：

你儂我儂，忒
煞情多；情多處，熱如火；

把一塊泥，撚一個你，塑一個我，
將咱兩個一齊打碎，用水調和；
再捻一個你，再塑一個我。
我泥中有你，你泥中有我；
我與你生同一個衾，死同一個槨。

而翻轉女人為泥、成為男人為泥的，莫過於《紅樓夢》，在此之前女人還是濁的，泥的，水的，如《金瓶梅》六十九回所言：「看官聽說，水性下流，最是女婦人。」到了《紅樓夢》已然是：

女兒是水作的骨肉，男人是泥作的骨肉，我見了女兒便清爽，見了男人便覺濁臭逼人。（第二回）

天地間靈淑之氣只鍾於女子，男兒們不過是渣滓濁沫而已。（二十回）

水有清濁，「水性人兒」都是濁的，只有不沾男人的才是清的。如黛玉、晴雯。女人是乾淨的，男人是濁臭的，為何審美觀會有如此巨大的轉變，也許清三代無論男女都以清為美，陰柔為美，也就是女性化為美，那是一個跨性別陰化與基化的年代，跟二十一世紀初的此刻很像，只是清三代國力強盛，馬上得天下，為何如此崇拜陰柔之美？只能說陽剛實為滿人之基底，而漢化恰是補強他們所缺少的陰柔，而母性／女性／處女崇拜，恐怕是滿人原有的傳統再加上對江南的想像物，南方文化的興起，也是陰柔之美的致命吸引力，十二金釵多是南方女子，故以病弱為美、以溫存為美、以清靈為美，這樣的美學基底已脫離儒教強調的明朗剛健，「天行健，君子以自強不息」，卻痞合世界性的潮流，此書成於十八世紀中葉，歐洲正掀起中國熱，其高潮是十八世紀六〇年代。中國的瓷器、絲綢成為上流世界追逐的標的，其時文學由詩體正式轉為散文體，小說因而興盛，此階段被稱為「啟蒙文學」，代表的作家為歌德、席勒、盧梭、狄德羅……等，此時期的美學家萊辛在其美學著作《拉奧孔》中說明詩與畫的界限，畫表現物體靜態美，詩要脫離畫的局限而表達動態醜，萊辛以「媚」稱之：「媚就是在動態中的美，因此，媚由詩人去寫，要比由畫家去寫較適宜。」醜的物體不能成為繪畫的題材，卻可以被詩所描繪，萊辛認為醜通過詩人的轉化，也就化解了醜。

這裡提出的動與靜，美與媚（醜），區分了古典藝術與現代藝術的不同。當時德國新古典主義者主張，詩應當採取繪畫的表現手法，強調色彩的絢爛，形象的靜態，情調的感傷。萊辛認為，詩描寫的是現實生活、人的動作。詩人不能採取靜觀的態度，而應以行動參與生活；詩應當「從畫的桎梏裡」釋放出來，拉奧孔是希臘神話中特洛伊城的祭師。是他勸阻特洛伊人把希臘人的木馬移進城內，因此激怒了袒護希臘人的海神，海神派遣兩條大蛇把他和兩個兒子一起纏死。一五〇六年義大利人佛列底斯在羅馬城發掘出一座古希臘雕像群，表現的正是拉奧孔父子與蛇搏鬥的形狀，在史詩中他「向著天發出可怕的哀號」，「放聲狂叫」。雕像中的拉奧孔雖然遭受巨大痛苦，然而並不號啕大叫，有的只是節制的感情，口僅微張，顯示出希臘藝術所特有的古典理想：「高貴的單純和靜穆的偉大。」這便是古典藝術的精神，追求的是美之美。

萊辛認為，美之美是造型藝術的最高法律；詩則不然，它所摹仿的對象不限於美，醜、悲、喜、崇高與滑稽皆可入詩。萊辛指出文學的內涵不限於美，而一切非美皆是題材，醜之美亦美此觀點對後世影響深遠。歌德就說：「這本著作把我們從貧乏的直觀世界攝引到思想的開闊的原野了。」也就是說萊辛擴大美的範疇，也擴大文學的視野。

當中國在討論清與濁，水與泥；西方在討論動與靜，美與醜，這裡都是古典美與現代美的重要分水嶺。

悲劇美

「悲劇」或 tragedy，是從古希臘語 tragodie 或 tragodia 演變形成，這個字從 tragos 加上 ode 等於山羊加上歌。換句話說，希臘悲劇就是「山羊之歌」。悲劇不在於悲，而在於嚴肅和對高尚行為的模仿。也就是說悲劇是崇高的集中形態，是一種崇高之美的表現。

亞里斯多德對悲劇的定義其一為「悲劇是對一個嚴肅，完美，宏大行為的摹仿」；其二為「悲劇是對於比一般人好的摹仿」；其三是「摹仿方式是借人物的動作來表達，而不採用敘述法，藉以引發憐憫與恐懼來使這種情感得到陶冶」；當希臘悲劇的黃金時期遠去，美學家仍以希臘悲劇為準，黑格爾就以《安蒂岡妮》為例說明「悲劇的根源和基礎是兩種實體性倫理力量的衝突，衝突雙方所代表的倫理力量都是合理的，但同時具有道德上的片面性。如此這兩種善的鬥爭就必然引起悲劇的衝突。」黑格爾的辯證法也發揮在它的悲劇美學上，矛盾中的統一，可說是它提出的悲劇美學具有庸人主義與宿命論。

車爾尼雪夫斯基反對黑格爾的唯心論，而提出「悲劇是人的苦難和死亡，這苦難或死亡即使不顯出任何無限強大與不可戰勝的力量。也已經完全足夠使我們充滿恐怖與同情。」他的美學重心在「生活」，強調悲劇來自現實生活，否認悲劇矛盾的必然性，可說是唯物論者。

悲劇的發展有四個重點：

一、**命運悲劇**：以希臘悲劇為代表，大多為神人劇，英雄人物的悲劇支配力量是宿命，他或者受天譴或者為神降罪，他一出生即受此命運支配。

二、**性格悲劇**：以莎士比亞戲劇為代表，大多為歷史劇，悲劇支配的原因是主角的性格缺陷，如李爾王的軟耳根子、哈姆雷特的猜疑與猶豫不定、奧塞羅的自卑又自大，因其性格所致，產生一連串悲劇。

三、**境遇悲劇**：以易卜生、契訶夫的戲劇為代表，它們大多是寫實的現代劇，人物受先天的遺傳或後天的環境影響，使人物陷入悲劇情境而不可自拔，如易卜生的《娜拉》、《群鬼》；契訶夫的《櫻桃園》……等。

四、**心靈悲劇**：悲劇的舞臺轉入心靈，非理性的力量支配一切，人面對不幸來臨不但不反抗，反而束手就縛。如亞瑟．米勒的《推銷員之死》、田納西．威廉斯《玻璃動物園》。

亞瑟．米勒論現代悲劇不再是英雄人物，而是小人物。從古典悲劇到現代悲劇，第二次世界大戰後，以克盧齊（Joseph W. Krutch）為代表的一批美國戲劇評論家斷言，現代劇中沒有真正的悲劇，因為在現代這個沒有國王的時代裡缺乏悲劇人物。美國戲劇評論家斯坦納（George Steiner）曾寫了《悲劇的死亡》。討論關於命運的悲劇概念，與現代人還有什麼關係嗎？鑒於技術性的文化已經確立於全世界，我們轉向希臘的古典悲劇，試圖理解人類的境況，此時希臘悲劇還會對我們講話嗎？抑或對（後現代）的人而言，希臘悲劇註定總是一個已經變得完全陌生了的往昔世界的一個回聲？在《悲劇的誕生：從音樂的精神來看》（一八七二）中，尼采聲稱，對於蘇格拉底和柏拉圖而言，古典悲劇已經變得完全不可理解了。所以，在將近一百年後，像尼采一樣，喬治・斯坦納以惋惜的口氣宣布，悲劇的時代確實離我們而去了，也就不足為怪。在《悲劇的含混》中，拉蒂努瓦（Oudemans en Lardinois）也說，我們已經失去了通向悲劇的門徑。這種喪失，構成了「我們的宇宙論中的一道裂口，這道裂口既無力量把悲劇傳下去，也不能把悲劇消滅掉。」對悲劇之死的確切原因的這些分析，是有分歧的觀點；大家共同指向這麼一個觀點：悲劇之死的標誌，在於從神話到邏輯的轉變，也就是理性大於一切時，悲劇就死了。悲劇被大量的技術理性和樂觀主義殺死了。

悲劇的時代真的離我們而去了嗎？當語言失效，詩人保持沉默，我們還能創造屬於我們的悲劇嗎？

現代人的悲劇是孤獨、語言貶值與失效，與土地失去聯繫、內心空洞，就像愛略特的詩〈荒原〉中所說的「空心人」、「稻草人」。

進入後現代，進入無悲劇時代、反情節時代，在皮蘭德婁《尋找作者的六個劇中人物》中，他的劇中劇拆解了戲劇的三一律，主要故事仍是希臘悲劇式的伊底帕斯情結。

喜劇美與笑

動物通常能發出哭聲，但會笑的動物不多，你看過鳥笑？狗笑？貓笑？猴子會笑，但不明顯，紅毛猩猩笑較明顯，人是其中最會笑的，因為笑要牽動五十三塊肌肉。人的面部表情肌共有四十四塊，笑比哭要複雜多了，它需要血管、骨骼的配合，人靠這些表情肌一共能做出五千多個表情。其中各種不同的笑就有十九種，每一種笑都會動用不同的面部肌肉組合，有時可以調用五十三塊肌肉，有時則只用到五塊肌肉，有些人很少笑，或皮笑肉不笑，或常板著一張臉，它們的表情肌可能不夠發達。

據說女人比男人更擅長笑，女人笑的能量無比驚人，通常男人只會發出低沉的笑聲，頻率大約四十三赫茲，而女人尖銳的笑聲能高達二〇八三赫茲，數十倍於男人，甚至能讓玻璃破碎。此外，女人的笑聲較為悅耳，而男人大多數時候只能發出像喘氣般的笑。造成這種區別的原因還沒被研究出來。也許是因為女人發展出了一套更大更豐富的聲音系統。

喜劇是為笑而設的劇種，但最高明的喜劇要笑中有淚，淚中有笑，它最早產生於古希臘。西方的專有名詞大多可作拆字遊戲，它的字根希臘文 Komoidia（意為狂歡歌舞劇），是由 Komos（意為狂歡隊伍之歌）與 aeidein（意為唱歌）合成。它起源於農民於葡萄收成時節祭祀酒神時的狂歡遊行，其時遊行者化裝為鳥獸等自然動物，且歌且舞，這有點滑稽的表演稱之為 Komos。希臘的梅加臘人於西元前七世紀初把它演變為一種滑稽戲，成為喜劇的前身。此後，它作為一種戲劇體裁逐步發展成熟，並誕生了偉大的喜劇家阿里斯托芬。

「喜劇之父」阿里斯托芬一生共寫過四十四部喜劇劇本，但完整流傳下來的只有十一部，比較著名的包括《巴比倫人》、《雲》、《鳥》、《騎士》、《阿卡奈人》等。其中《鳥》是最優秀的作品，也是古希臘現存的結構最完整的寓言喜劇，是烏托邦喜劇的濫觴，是他奠定了西方文學中喜劇以滑稽形式表現嚴肅主題的傳統。

在中國，喜劇發展得非常遲，要到十二世紀才產生出成熟的喜劇藝術。但它的起源卻很早，雛型可追溯到秦漢的百戲，當時的俳（即俳優），乃是以樂舞戲謔為業的藝人，相傳的《東海黃公》、《踏搖娘》雖是模仿悲痛，然它的效果常是淚中有笑，優伶在宮中扮演的角色主要是微言解紛，然也要引人發笑。到唐宋流行的參軍戲，主要由參軍、蒼鶻兩個角色表演，通過滑稽的對話和動作，引人發笑，實際上也是一種以調侃詼諧為主的表演形式。直到宋代以後，這些表演形式才有了完整的情節內容，產生出戲劇意義上的喜劇。

歐洲最早的喜劇是古希臘喜劇，代表作家是阿里斯托芬；十六、十七世紀以莎士比亞、莫里哀為代表；十八世紀義大利的哥爾多尼及法國的博馬舍是歐洲啟蒙運動時期喜劇的代表；十九世紀以俄國的果戈理為代表。中國古典戲曲中也有豐富的喜劇遺產，如《救風塵》；傳奇《玉簪記》；傳統劇目《鍊印》等，都是優秀的喜劇作品。

亞里士多德在《詩學》中談到喜劇的特徵，他認為：喜劇模仿「比我們較差的人」，所謂「較差」，並非指一般意義上的「壞」，而是指具有醜的一種形式，即可笑性（或滑稽），可笑的東西是一種對旁人無傷，不至引起痛感的醜陋或乖訛。喜劇來自笑，並與笑關係密切。後來黑格爾將之延伸為「關於可笑性來自矛盾」的觀點。總之，喜劇的基本特徵是：遵從滑稽突梯的藝術規律，運用各種引人發笑的表現方式和表現手法，把戲劇的各個環節，諸如語言、動作、人物的外貌及姿態、人物之間的關係、故事情節等均加以可笑化，使得本質與現象、內容與形式、願望與行動、目的和手段、動機與效果相悖逆，相乖訛，從中產生出滑稽戲謔的效果。

中國不以喜劇見長，即最早期的《東海黃公》在《西京雜記》中記載：「東海人黃公，少時為術，能制龍禦虎，佩赤金刀，以絳繒束髮，立興雲霧，坐成山河。及衰老，氣力羸憊，飲酒過度，不能復行其術。秦末，有白虎見於東海，黃公乃以赤刀往厭之。術既不行，遂為虎所殺。三輔人俗用以為戲，漢帝亦取以為角抵之戲焉。」是一種角抵戲，以衰老的黃公失去法力，而被虎咬死，過程中大概會有一些爭鬥，因被老虎玩弄而顯出一些笑鬧的味道。

另有「參軍戲」繼承了古代「俳優」的傳統，五胡十六國後趙石勒時，一個參軍官員貪汙，就令優人穿上官服，扮作參軍，讓別的優伶從旁戲弄，參軍戲由此得名。內容以滑稽調笑為主。它以嘲弄諷刺為能事，構成鮮明的藝術特色。藝人效仿古代「俳優」在宮廷上大膽諷諫，為平民百姓代言，有人說它跟相聲類似，事實上它是個劇種，有情節與扮演，然其「笑果」是接近的。「參軍」這個腳色，就相當於後世戲曲中的淨角、「蒼鶻」的腳色，即相當於丑角。唐代詩人李商隱在《驕兒》一詩中有「忽復學參軍，按聲喚蒼鶻」之句，足見晚唐時期連玩遊戲的孩子也懂得如何按既定的行當，來摹仿參軍戲了。

可惜嚴格定義的大型喜劇，還真的不多，喜劇除了跟笑有關，還與諷刺技巧有關，諷刺可分為三等級：

一、**反諷**（Irony）

反諷一詞源自希臘文 eironeia，原為古希臘戲劇角色所採用的自貶式、佯裝無知的行為方式，意為「偽裝的無知，虛假的謙遜」。在古希臘喜劇中，eiron 是一個靈活機敏的小人物典型，他非常擅長運用暗含真理的語言，他在對手（自以為高明的 alozan）面前說傻話，佯裝無知，藉以證明這些話都是真理，表現形式常是以 alozan 醜態百出的樣貌造成效果。漸漸地，反諷成為一種修辭格，它的基本特徵是「言在此而意在彼」，中國也有反諷，像「朱門酒肉臭，路有凍死骨」之類的諷喻。凡是言外之意，口是心非，說出的話和心內相反，語帶弦外之音，就是反諷。

反諷，尤其是口頭反諷（verbal irony），極容易與諷刺（satire）、譏諷（sarcasm）混淆。三者都是說反話，但反諷比較間接而無攻擊性，不像譏諷那般出口傷人。尤其口頭反諷，經常英文稱為「挖苦」（tongueincheek），多為含沙射影（innuendo），故意把褒說為貶，把貶說為褒。它在文學上最大優點就是冷靜而帶機智（wit）地把話說出來，讓人感到它的機鋒。莎劇《凱撒大帝》（JuliusCaesar, 1599）裡凱撒被刺後，安東尼在演講中三天兩頭就提到「布魯特斯是個君子」，當然是用反諷來挖苦布魯特斯。

它通常表現在語言上，或稱反語（irony），除此之外，它還帶有對比設計的、一語雙關多關的、象徵物、刻劃人性的……，如莎士比亞《威尼斯商人》中，吝嗇刻薄的奸商，與老實厚道的商人，因大船遇難，仁商向奸商借錢，簽下歹毒的借據，逾期不還要付出全部身家，並割下幾磅肉來，不料船逾期未歸，還好仁商的女友化身變裝為法官，當庭要奸商割肉時，一分不能多也不能少，而且不能流血，因為借據上沒說要流血，如此化解災難，而貨船不久回航了。

反諷最常見的形式是言語反諷。言語反諷作為反諷的一種重要類型，是最容易被讀者識破的，因為在言語反諷中，我們說的是一回事，指的卻是另外一回事。這樣，在言語反諷中不可避免地存在著表面意義和隱藏意義，語言外殼與真實意指之間的對照與矛盾，就顯得相當強烈和鮮明。但是正是通過這種強烈鮮明的矛盾，使聽眾能夠透過表面意義讀出作品的隱藏意義，體會到比直接陳述更深刻和尖銳的思想內蘊。在反語之外，語境誤置、悖逆語詞並置、句式與內容不合也是反諷的一種。

有時反諷使用對比設計像莎劇中的《威尼斯商人》，它靠對比、借據文的解讀、與人性之顯露，顯現當時威尼斯商人已是如何精於算計與口才，我到威尼斯兩次，在水晶工廠，威尼斯商人操著臺語，學習臺灣夜市叫賣：「這組五萬，無免，四萬無免，這組尬那組，歸組攏總三萬，擱送你一組水晶杯，嫌重，你勉挽，尬你送到厝，免開一仙錢……」看一個高鼻子洋人學得這麼像，大家都笑倒，連不想買的也動心。想像十六世紀的威尼斯商人，是真的很會作生意，且口才一流，幽默風趣，才讓莎翁特為他們寫一劇。

二、**嘲諷**（Satire）

嘲諷分明諷（direct satire）、暗諷（indirect satire）兩種。明諷多以第一人稱（first person）發言，訓誨讀者或書中人物，此聆聽者被稱為「對手」，有如中國相聲中的搭檔，一搭一唱，讓講話者暢所欲言，極盡諷刺之能事。

暗諷在文學中較為普遍，它沒有立場鮮明的說教者，而轉從各種不同的表現方式

（modes）進行，如誇大其辭，或「言之無理」（nonsequitor）。暗諷小說的佼佼者就是波普的好友史惠夫特，寫有《格利佛遊記》（Gulliver's Travels, 1726）。

《格利佛遊記》屬於長篇暗諷，有時亦稱梅尼普斯式諷刺（Menippean satire，由希臘諷刺文學家 Menippus 而得名）。

三、譏諷（sarcasm）

譏諷在希臘文原意為「撕肉」，由此可見其刻薄殘酷，並無多大深刻意義。諷刺（satire）文學氣息較濃厚，尤其文字上，並非口頭上，刻意諷刺人類種種愚昧無知或罪惡行為，它具有某種程度的教誨作用，企圖喚醒人心，改良社會風氣。因此在口語揶揄而言，譏諷與反諷比較接近，只不過前者較苛刻，後者較溫和罷了。

像《儒林外史》范進中舉一節，就很多「撕肉」的描寫，如諷刺只在動作上表現，那麼男伴女裝陽婆婆、藝人的模仿秀雖引人發笑，卻是低級的搞笑。中國人哭點低笑點低，這是否對悲劇、喜劇的要求太低所致，只要喊一聲「媽媽你在哪裡？」就哭得稀里嘩啦；只要一進劇場就準備笑，這也反過來驅使編劇家迎合大眾口味。這是雞生蛋還是蛋生雞，就形成循環。

意境與傳神

我們如何運用以前的中國批評語彙來批評現代作品呢？它們都不適用了嗎？如意境、境界、神韻、氣韻，意境較適合用在現代詩與電影的批評；神韻似乎更適合用在繪畫與小說，至於氣韻或情韻，用在散文很適合，一般人評散文重在文字與結構，我覺得氣韻或情韻更為重要，情是情感、情操；韻是韻味、節奏，如評田威寧《猴子》：

作者的筆法很淡定壓抑，但不時流露他對這猴子的喜愛與驚訝。現代人養寵物的很多，寵物文也恨多。但這篇文章描寫猴子像人，越來越像人，而且與爺爺神奇地相似相通，不如說作者描寫猴子時像寫爺爺；描寫爺爺時像寫猴子。這巧妙的換喻，讓文章的層次豐富許多。大伯棄養猴子如同棄養爺爺，獨居的爺爺保持著他的淡定與自尊，作者不寫爺爺的淡定與自尊，卻寫猴子的淡定與自尊。裡面的人物鮮活，寡情的大伯對比多情的爺爺；留戀故主的猴子又對比不負責任的大伯，文字濃淡得宜，種種對照，顯得情韻動人。

情是情感，韻是韻味，情韻生動的作品多半來自溫柔敦厚的心性，怨而不怒，哀而不傷，故而詩意盎然。

至於意境是為中國文學和美學的重要觀點，在傳統文化中具有重要的地位。它源自周易、道家、儒家的思想，到後來又受到佛家的影響，而產生的美學語詞。意境是客觀與主觀相鎔鑄的產物，意境是情與景、意與境的統一。

所謂的「意」，是作者的感情、思維在創作中的流露；所謂的「境」，就是「意」的流露所達到的境界。「意境」這語詞是東方式的，但也可使用在西方，特別是那些令我們印象深刻，且可作無限解讀的作品。

明代朱承爵在論詩時，曾說：「作詩之妙，全在意境融徹，出聲音之外，乃得真味。」這是說寫詩的最高理想，在能寫出意境。然而意境是什麼呢？它類似心靈畫面或圖象，詩人是以靈視看世界的，所看到的是心靈之產物，因此王國維說：「境非獨謂景物也。喜怒哀樂，亦人心中之一境界。故能寫真景物，真感情者，謂之有境界。」境界可說是他的美學核心，主張「言氣質，言神韻，不如言境界，有境界，本也。氣質、神韻，末也，有境界而二者隨之。」至此意境高於一切，統攝氣質與神韻，為何它最重要，能引發美感能？

理由一，境界能引發美好的聯想：「昔我往矣，楊柳依依，今我來思，雨雪霏霏。」兩千多年的詩、寫於北方的詩，對南方人來說能看到的只有楊柳依依，但我們從此詩似能感受到遊子的離情依依與對歲月的感嘆，我是一直到美國東北居住一年，才明白雨雪霏霏有多慘，當大雪之後，雪鬆鬆的，走路腳陷至積雪，要把腳一隻隻拔出來，走幾步就很吃力，然等積雪化成冰，這時如下雨，走路就像滑冰，不小心就跌個四腳朝天，如果雨與雪一齊下，既冷又濕，路上滑得很，如長途行軍，苦不堪言，下雪是美的，雨雪是醜的，至少心裡是苦悶的，如果邊走邊吟這首詩，應有撫慰或催人淚下的效果。這千古佳句將夏景與冬景對照，產生張力，情韻、氣韻、神韻俱在，真是神極。

理由二，境界裝載藝術家的情感：譬如詩裡講到速度的不多，李白寫很多，仙遊詩不說它，貶謫詩有兩首相對照很有趣，同樣舟行三峽，被貶時是這樣：「巫山夾青天，巴水流若茲。巴水忽可盡，青天無到時。三朝上黃牛，三暮行太遲，三朝又三暮，不覺鬢成絲。」好個青天無到時，人在憂愁中覺得船速特別慢，走了三朝三暮就變老，令我想到走阿曼沙漠時，無邊無際的黃沙，覺得心情沉重，真有變老的感覺；相對的，在被釋放時是這樣：「朝辭白帝彩雲間，千里江陵一日還，兩岸猿聲啼不住，輕舟已過萬重山。」這也未免差太多，順行與逆行雖然速度不同，差別就在心情與感覺，去時如龜，回時如飛，後首比前首更美，如飛的感覺符合李白的仙遊，更是老莊的逍遙遊。

理由三，境界是由精湛的藝術手法達成：許多人喜歡徐悲鴻畫的馬，他愛馬如癡，對馬的肌肉、骨骼以及神情及動態，作過長期的觀察研究，經常在山鄉和有馬的地方對真馬寫生，馬的速寫稿不下千幅。所以他下筆時能做到「全馬在胸」，筆墨酣暢。他早年流落上海時，曾畫了一幅馬，寄給上海美術館，得到主持該館的嶺南派畫家高氏兄弟的讚賞，說：「雖古之韓幹，無以過也。」同樣的，吳承恩寫活孫悟空，傳說他也常觀察猴子，畫了上百張猴子，所以能捕捉到猴子的神情，連在牠身邊的猴群也是猴模猴樣的：

那猴在山中，卻會行走跳躍，食草木，飲澗泉，採山花，覓樹果；與狼蟲為伴，虎豹為群，獐鹿為友，獼猿為親；夜宿石崖之下，朝遊峰洞之中。真是「山中無甲子，寒盡不知年。」一朝天氣炎熱，與群猴避暑，都在松陰之下頑耍。你看他一個個：跳樹攀枝，採花覓果；拋彈子，邷么兒；跑沙窩，砌寶塔；趕蜻蜓，撲八蠟；參老天，拜菩薩；扯葛藤，編草襪；捉虱子，咬又掐；理毛衣，剔指甲；挨的挨，擦的擦；推的推，壓的壓；扯的扯，拉的拉，青松林下任他頑，綠水澗邊隨洗濯。

猴子的神情百態寫得很生動，如果沒下過功夫，焉能如此？

第四個理由是境界是含蓄，故曰言有盡意無窮：它高度集中，密度其高，清晰而引人遐想。如孟克的《吶喊》，畫中只有一人，畫面的主體是在血紅色映襯下一個極其痛苦的吶喊表情，紅色的背景源於一八八三年印尼喀拉喀托火山爆發，火山灰把天空染紅了。畫中的地點是從厄克貝里山上俯視的奧斯陸峽灣，有人認為該作品反映了現代人在存在主義的思維中被焦慮侵擾的意境。吶喊的主人彷彿受到驚嚇面色慘黃，如同一具骷髏。畫中的色彩代表畫家當時的心理狀態：空中強烈的紅與黃、風景中的藍、黃與綠，色彩與線條所產生的動感透露出不安。

因此意境是主觀也是客觀的，主觀上它源自強烈的情感，客觀上由精湛的手法構成。

神韻，是另一個突出的中國古典美學語彙。它最先是用來品人，如《宋書・王敬弘傳》云：「敬弘神韻沖簡」（《宋書》卷六十六），梁武帝《贈蕭子顯詔》謂蕭子顯「神韻峻舉」（《全梁文》卷四），此時的「神韻」指的是人物的神采風度，是具體可感的一種人物特質。

後來，「神韻」由品人轉到品畫，才正式成為古人追求藝術美的理想。東晉顧愷之在人物畫論中提出「以形寫神」、「傳神寫照」等觀點，可說最早樹立「傳神」美的理念。之後南齊謝赫在《古畫品錄》中提出「氣韻」（又稱「神韻」）作為繪畫「六法」中最重要之一法，他是最先以「神韻」品評繪畫之人，這時的神韻還沒那麼抽象。

接著是品詩，唐代司空圖以道、玄哲學為核心，歸納唐代及其以前的山水詩，標舉「韻味」說。他主張詩歌要達到「全美」或藝術極致，必須具有「韻外之致」或「味外之旨」，也就是要造成含蓄蘊藉、尋繹不盡的美感。神韻由品人、品畫到品詩可說一脈相承，更為完備。南宋嚴羽在司空圖的韻味說的基礎上提出了「興趣」說。他認為詩之有神韻者，應該如「水中之月，空中之音，相中之色，鏡中之象，言有盡而意無窮」（嚴羽《滄浪詩話．詩辨》）。從魏晉到南宋，「神韻」這美學辭彙已大量被運用到各種批評中，因與道與玄學結合，而多了幾分空靈。

「神韻」此批評語彙，由具象到抽象，變得有點玄，有時讓人難以捉摸。跟神韻類似的傳神，就比較好理解，它指的是神形兼備，能寫心才能傳神，它的客觀因素是生活中人物形象的本質特徵，也就是人物特點，世上的人沒有完全相同的人，就算雙胞胎也不完全一樣，因此描寫人物要個個分明，個個不同，如《水滸傳》寫一百零八條好漢，有一百零八個樣貌，因此金聖歎說：「別一部書，看過一遍即休，獨有《水滸傳》只是看不厭，無非為他把一百八個人性格，都寫出來。」寫什麼像什麼需要強大的觀察能力與對細節的捕捉能力。如歌德所言：「藝術的真正生命在於對個別特殊事物的掌握和描述。」傳神的藝術作品不但反映事物的本質與特徵，在主觀因素上，它表現了藝術家對生活、人物、世界的理解。作品中所傳的神正是藝術家的審美標準，他把自己的美惡愛憎融入作品之中。因此傳神是主客觀的統一。

另外，傳神的人事物具有獨特的個性，同時具有普遍的共性，因此塑造出「典型」，一般人是在一般中找尋特殊，歌德認為好的作品是在特殊中顯示一般。因此徐悲鴻說：「傳神之道首主精確，故觀察苟不入微，罔克體人情意，是以知空泛之論，浮滑之調為毫無價值也。」

精確是達到傳神的唯一道路，凡不夠精確的描寫必然流於空泛與浮滑，讓人摸不著頭腦。因此傳神是藝術的高難度技巧，如謝赫所講的圖繪六法，有所謂「骨法用筆」、「應物象形」、「隨類賦彩」、「經營位置」……，都是為追求精確而設，因精確而傳神。

以現下來說，解構當道，寫實的功力為大家忽視，當一個美學觀點走向極端而顯出弊病之時，拉回一點講究寫實以傳神，畢竟這是作家的基本功。

論品味

在西方，「味」在一個藝術作品是「措辭」或「構思」，「味」作為一個品質是指向獨立的作風，如「骨董味」，「味」具有一種普遍性質，指向引發任何興味或情感的培養。浪漫主義之後，「美是在眼睛的 beholder」，這裡指的是審美眼光。

在中國談味很早，《呂氏春秋．本味》：「湯得伊尹……說湯以至味。」南朝梁劉勰《文心雕龍．論說》：「說之善者，伊尹以論味隆殷，太公以辨釣興周。」中國論味，是從食之味論起，懂得調味就懂得治國，所謂調鼎鼐以治天下，蓋宰首通常要懂得眾人的口味，又要出乎其上引人驚喜，這才是真懂味者，所謂至味通常關乎民心，所以在中國它是個極感官又極抽象的語詞；它可以論政治，論人品，論物的品級，論詩的意味，六朝以後，以味論詩最為昌盛，所謂「味外之味」。六朝時期提出的許多「味」的美學範疇，如劉勰論「隱秀」而提出的「餘味」說；鍾嶸論五言詩之美而提「滋味」說；司空圖的「味外之味」最是影響後人。

品味，除了滋味還有品級、人品、詩意……種種指涉。

人的視覺、聽覺、味覺、嗅覺、觸覺的感受沒有本質上的差異，它們會引發與之類似的情感。例如吃糖產生甜味、吃醋產生酸味；而人大多吃甜味產生快樂，吃酸或苦味產生痛苦。

然而「品味的差異」究竟從何而來？柏克認為品味主要產生於對藝術天生的敏銳感受性、與對象的密切程度和藝術的知識。歷來解釋品味大都與消費與階級相連，消費引發快感，而富貴者永遠存在心理的不飽足感，故而以奢華之物來彰顯自我，隨著工業化與量產的到來，奢華之物平常人也可擁有，所謂的名牌隨之產生，名牌應是高價而量少的，故而名牌最講究「限量」，只要限量價格便可訂得高，卻因此引起搶購，如LV的前幾十年的限量包，商家引起搶購潮之後，再加以量產，如此玩弄再三，最後是消費者對名牌的幻滅。

消費，特別是大規模消費一直受到批判，反消費主義認為消費行為過於炫耀或引人注目，環境主義則認為消費行為在環境上難以持續，亦有人認為消費是品味差劣的標誌。

不管贊成或反對，都有必要重新定義品味。因為品味並不是一個單純的觀念，它至少包括感覺、想像力、理解力和判斷幾個成分。缺乏感覺的敏感性就會對感人的事物遲鈍和麻木，想像力無從產生，自然就會顯得缺乏品味；此外，缺乏藝術知識的指導，便會對藝術語言缺乏理解力，產生鑑賞判斷力的不足。

最重品味的時代常是門閥與貴族的年代，如魏晉、唐、清三代，前者的人品紀錄見於《世說新語》，其實不管在生活或藝術創作皆有留下美好的痕跡。如書論、畫論、文論、茶經……，他們追蹤美的核心不脫離「自然」與「妙悟」，美學受玄學影響之故「貴無」：首先「無」能超越有限，獲得精神自由，這是自由之美；其次，美為無限的表現，能超越有限而契合無限，此為無限之美；再來是不重外在美而追求永恆的拙樸之美。此自由、無限、拙樸之美說對文藝影響頗為巨大：表現在文學美上則有陶淵明平淡又有真意的田園詩；表現在繪畫美上則有顧愷之的「以形寫神」；表現在書法美上則有二王天馬行空的行草，這些都是此美學「貴無」精神在藝術上的呈現。對人的品評也以脫俗為美，這便是那個時代的品味，如《世說新語》：

王長史為中書郎，往敬和許；爾時積雪，長史從門外下車，步入尚書，著官服。敬和遙望，嘆曰：「此不復似世中人！」（〈容止〉三十三）

杜弘治，嘆曰：「面如凝脂，眼如點漆，此神仙中人！」時人有稱王長史形者，蔡公曰：「恨諸人不見杜弘治耳！」（〈容止〉二十六）

中國的瓷器發展這麼迅速跟茶道有關，茶具的顏色以青為美，因為天是青的，色如天的最高色，就好像柴世宗說的：「雨過天青雲破處，這般顏色作將來。」其時色如天，薄如紙、明如鏡、聲如磬就是美的高標，當瓷器與茶道結合之後，形成美的生活與禪的生活，我覺得魏晉人是很懂得美與生活的聯結的。它影響後世追求超然物外與禮教之外的生活美學，我們可以從陶謝詩及其生活，與三國的風流雲集，可以體認到他們的精神高度與美感創造。琴、棋、書、畫是流傳下來了，而茶道卻已失傳，尤其是文人茶。如今年輕人愛喝咖啡，我覺得文人茶道會在臺灣慢慢起來，因為它會讓我們的感官變得更靈敏，也是美的實踐之一。再來是宋瓷精品大多在故宮，臺灣擁有它們卻不了解與研究他們太愧對這些寶物了。

陸羽《茶經》成書於唐代，是世界上第一部茶學專著，它是「茶聖」陸羽畢生茶事絕學的心髓。《茶經》為後世茶人提供了品茶香、行茶道、論茶藝、學茶禮的典範。《茶經》倡導的「精行儉德」與現代人所追求的優雅怡然的生活方式不謀而合。品茶、研習茶藝、茶道，以及茶的健身等，可以作為當代人日常生活（休閒、會友、養生等）的情趣追求。

除此之外，現代茶事不只經典，還包括了茶道、茶藝、茶俗、茶類，各類名茶如十大名茶等，不僅能使人全面品味《茶經》的幽深，更能全方位了解中國茶文化的千年進程和當代茶事。其中有關瓷器的描寫具有濃厚的品級之分：

碗，越州上，鼎州次，婺州次，嶽州次，壽州、洪州次。或者以邢州處越州上，殊為不然。若邢瓷類銀，越瓷類玉，邢不如越一也；若邢瓷類雪，則越瓷類冰，邢不如越二也；邢瓷白而茶色丹，越瓷青而茶色綠，邢不如越三也。晉．杜毓《荈賦》所謂器擇陶揀，出自東甌。甌，越也。甌，越州上口唇不卷，底卷而淺，受半升已下。越州瓷、嶽瓷皆青，青則益茶，茶作白紅之色。邢州瓷白，茶色紅；壽州瓷黃，茶色紫；洪州瓷褐，茶色黑：悉不宜茶。

最上品的是越州，即越窯青瓷，鼎州窯有說是黃堡窯，地處陝西銅川，為耀州窯前身；婺州窯位於今浙江金華地區；為淡青帶黃的民窯；嶽州窯地處湖南省湘陰縣城關鎮堤院一帶，較為輕薄，胎質不如越窯青瓷緊密，胎色早期呈紅或米黃色，晚期為灰白色。釉色以青綠色居多，也有青黃色的。壽州瓷，窯址位於安徽省淮南市，其色黃；洪州窯位於今江西省豐城市（隋唐時屬洪州），其色褐青。陸羽以青瓷為美，也就是綠色系，青瓷也有藍色系，是往汝窯、鈞窯方向走，是為茶色美而設，最上的茶色要白中帶紅；邢窯是白瓷系，其白會掩蓋茶之白故而不美。所以早期的品味，從味出發，是否指的是茶之味，茶

之品，從品茶到品瓷、品人再到品文、品藝？

其實，當時的青瓷還在初期，通常帶灰帶黃，以現在的眼光來看並不美，真正漂亮的青色要到宋龍泉才到頂峰。這些瓷器，尤其是茶具，到日本、韓國都是寶物。

我們難以想像中國古茶道的盛景，但從茶聖千利休舉辦了高規格的宮內茶會可見一斑，時間在一五八五年，利休是主持人，茶會上，先由秀吉為天皇點茶，所用的茶道具是專門定做嶄新的一套，以示對天皇無瑕神體的尊敬。再由利休為天皇點茶，使用的茶器是珍貴的唐物「新田肩沖」、「初花肩沖」和「松花」，其中的葉茶壺「松花」，據說價值四十萬石，相當於日本當時一國到兩國的領地稅收（日本共分六十六國），可謂價值連城。此次茶會，是利休一生級別最高的一次茶會。

什麼是新田肩沖、初花肩沖、松花？日本的茶器，幾乎有一大部分都是來自中國和朝鮮，後成了日本的國寶，雖已有幾件已焚毀，但是傳世之器幾乎都是上億元的價值，排名第一的「青瓷砧馬蝗絆」據說是饋贈自中國的青瓷茶碗，原為平重盛所有，後流傳到足利義政、角倉家。有六處補碗的碗釘狀似蝗蟲眼，因此得名。

原來茶道第一碗是破碗補釘啊！

這些名物大多是唐朝的茶盞，如青瓷或宋元的建窯、吉州窯等茶碗，統稱「天目碗」，「Temmoku」是天目的譯音，來源是在宋朝時期浙江天目山寺廟裡，大量日本僧侶來華學習佛法兼得飲茶之道，將建窯茶碗，連同茶籽、茶禮帶回日本，形成今天日本茶道的基礎。根據日本茶道資料館專家研究，「天目瓷」最早出現於鎌倉時代（西元一一九二年～一三三三年），珍稀國寶像曜變天目碗、油滴兔毫天目碗，如今被保存在日本國立博物館或由私人家族中珍藏。其中的曜變、油滴是建窯，兔毫則吉州窯也有，木葉碗應也在其中，一只來自中國的天目碗，在當時相當一個城池的價值，所謂一城難換一碗即是。

而其中絕品「新田肩沖」唐物肩沖茶器，是天下三肩沖之一。為村田珠光所有，曾流傳於三好政長、大友宗麟、織田信長、豐臣秀吉等人之手，大阪落成後成為德川家寶，我們實在無法想像它們為何會受到如同國寶的待遇，這些東西有可能在中土大量生產，也有可能就是當時珍稀之物，可以肯定的是，它們被帶回日本更形珍貴了。當時的中國被稱為「唐」，從中國帶回的文物是唐物。

另外「初花肩沖」為唐物肩沖茶器，也是天下三肩沖之一。傳說是楊貴妃的油壺，其姿態的優雅不亞於初放的花朵，由足利義政命名，後為織田信長、豐臣秀吉所有，皆是皇族所用之物。

還有「松花」為中國南部所做的葉茶壺，與松島、三日月並稱天下三名壺，從村田珠光經歷織田信長、豐臣秀吉之手，最後流傳至尾張德川家，它們的履歷夠驚人，身價也因此得來。

日本茶道的內容和形式受中國茶道的影響，禪宗思想來自於中國，茶道具也以中國的古物（唐物）為主。利休的「侘茶」，就講個「和敬清寂」，事實上是形式上的簡化，茶屋不超過兩坪，茶器以厚重為主，因為簡約，平民也可做到，因此能廣大流傳。

從「精行儉德」到「和敬清寂」，都說明茶的形式越清簡越好，以達成節儉的美德，茶人的心理以追求和——敬——清——寂為境界，它有個修養的程序，在彼此心情平和中能造成祥和的氣氛，對待人事物以恭敬之心，則達到禮儀之美，清是清心，即藉茶潔靜身心，最後是靜寂，即靜心空寂，能忘卻一切世俗煩惱，因專注而達到接近「悟」的效果。這跟修行有點接近，但領悟則因人而異，畢竟僧人喝茶與俗人喝茶不同，一般人只要做到和敬也就不錯了。

如今文人茶興起，然還不普遍，而且走貴族路線，茶宴以華貴為主，插花、茶具、服飾、燈光、彈琴……，較接近裝置藝術，過於形式化，我覺得本質最重要，也就是茶與心的對應，也就是將靜心融入喝茶中，穿白襯衫牛仔褲也能喝，最重要的是心，道以自然為主，以本質動人，這才是茶道。

我自從與茶師喝茶之後，覺得喝茶簡直是心靈藥湯，臺灣的茶會以華麗為主，而賴師因是修行人，較接近利休的「清寂」境界，不講究形式，只要求本質，即茶與人的相應，與之對飲常有不可思議的感受。

臺灣的茶葉這麼有名，茶道的復興早就該開始，它對現在3C年代靜不下來的人，是很好的靜心教育，因茶道融會了飲食、園藝、建築、花木、書畫、雕刻、陶器、漆器、竹器、禮儀、縫紉等，首先喝茶需要一個好環境，最好有山水佳氣，草木為伴，書畫、雕刻不是人人有，但有一套好的茶具，最好有點年代，我做過實驗，茶具越老越能聚氣，在這點上泥優於陶，陶優於瓷，古茶具的瓷土泥質較厚，泥能過濾雜質，讓茶湯的分子越細，絕對不是盲目追骨董。如一般學生，買一只小泥壺，一只小陶杯就能享受喝茶之樂。如果再簡化就一只蓋碗也好，泡前燙燙茶具，水溫至少九十五到九十七度，水注高點好，如此養自己的茶具，也不必什麼名物。

喝茶有什麼好處呢？獨飲時可破孤悶，喝後神清氣爽，慢慢喝，先聞香再啜飲，嗅覺能打開其他官覺，細細體會茶在你身上起什麼作用，只要茶葉乾淨沒農藥，不必買很貴的茶，慢慢隨著經濟條件提升；多人喝茶，不要超過四人，否則過於吵雜，看誰的住處安靜就去他家泡，郊遊時在山林中喝茶更有妙趣。

茶的基因一直流淌在我們的血液裡，只要開始，很快進入。功夫茶在潮汕很發達，潮汕是韓昌黎的子民，我是潮州人，家鄉供奉昌黎祠，小時候沒喝功夫茶的印象，只有父親到處找人泡茶，兩個弟弟很小就愛泡茶、收集茶壺。但我對西方飲食較有興趣，最怕吃桌菜喝老人茶，結婚時母親置辦的嫁妝中有一套日本美濃燒骨董茶具，我不識貨一直放在櫃子角落，它是五彩細瓷，看來明麗典雅，這就是母親的性格啊，她喜歡的東西一如她的人，之後我研究瓷器，到日本帝國博物館看瓷器，那時還是咖啡的愛好者。之後，每天用馬克杯喝紅茶，可說毫無品級，然一接觸茶道，茶的基因很快發酵，深覺太遲，我收藏了一堆老茶碗，卻不懂喝茶，如今茶與茶具終於結合，繞了幾十年遠路，還好還好。

談氣質

張愛玲譯註《海上花列傳》認為此書好在「氣質」，氣質到底是什麼？通常指涉的是人，放在文學作品上可以嗎？

較早提到人的氣質的是張載，他說：「有形則有體，有性則有情」，形而後有氣質之性。也就是說太虛基於凝聚所成的萬物，屬於純粹至善的狀態，叫做「天地之性」。但太虛凝成的人，因有賢愚善惡不同，故稱「氣質之性」。天地之性是屬於自然的，氣質則是秉自然而生，它可說是天生的。

我們常看到美貌之人，然美人並不一定有氣質，像奧黛麗．赫本、葛麗絲王妃這樣的氣質美女，可謂絕代，她們的美由內而發，兼具心靈美與外在美，她們在小時就具備這樣的美，縱然老去，氣質並不減損，奧黛麗年老時雖滿臉皺紋，然優雅的氣質並無變，可見氣質較具有不變異性，但也是會變異的，有些人年輕時氣質好，入社會後就變壞，改變它的可能是環境或心理因素。

氣質這個語詞跟氣氛類似，人的優美特性稱為氣質，空間的優美特性稱為氣氛，氣氛是由空間的感官細節組合而成，如有氣氛的地方大多光線柔合、顏色諧調、有香氣飄出，有浪漫的音樂、有可口的食物、舒適的椅子……，無論視覺、味覺、嗅覺、聽覺、觸覺都得到美好的享受；如妙玉的美，她的長相類林黛玉、有詩才、會品茶品物，作者心目中的理想性格大概類似妙玉的氣質之美，理想世界也是像大觀園那樣的清純之美。他追求的氣質並非不食煙火，妙玉根本一直在人間煙火中，雖然她自稱「檻外人」。

《紅樓夢》自然也是一本有氣質的書，用氣韻、神韻來說它太脫離人間煙火，氣質者，出淤泥而不染，是脫俗但入世，《海上花列傳》的氣質之美也是從此而來，寫的是一群淪落風塵的女子，卻不染風塵，就是真實可愛的一群女子，作者的筆法含蓄至極，得溫柔敦厚之詩旨，故張愛玲稱讚它美在「氣質」。

在西方，氣質是一個古老的心理學問題，東西方的解釋不太相同。西方在西元五世紀就提出了四種體液的氣質學說：血液（來自拉丁語——sanguis）、黏液（來自希臘語——phlegma）、黃膽汁（來自希臘語——chole）和黑膽汁（來自希臘語——melanoschole）。四種體液諧調，人就健康，四種體液失調，人就會生病。希波克拉特曾根據體液把氣質分為四種基本類型：多血質、膽汁質、黏液質和抑鬱質。多血質的人，體液混合比例中血液占優勢，大約指氣血較旺的人；膽汁質的人，體內黃膽汁占優勢，大約指膽氣較足的；黏液質的人，體內黏液占優勢，大約指慾望較盛的人；相對的抑鬱質的人，體內黑膽汁占優勢，是較憂鬱的人。幾世紀以後，羅馬醫生哈林（Galen）用拉丁語「emperametnum」一詞來表示這個概念。這就是西方「氣質」（temperament）概念的來源。

另外榮格把人分為內向與外向，一九二一年，榮格發表了他長久蟄伏以來的復出之作《心理類型》，提供了一個系統性的理論，藉以了解個別人格差異及其運作過程。心理類型的基本概念是以四種心理功能（感覺、思維、情感、直覺）與兩種心理態度（內向及外向）不同方式組合而成的八種人格組型。這其中內向直覺型（Introvert Intuition）跟創作較有關，這種類型的人的直覺源自於內在心象，常做白日夢，自認能洞悉體察超驗事物，是不被人了解的天才。典型的代表是詩人、神祕主義者。

榮格在一九三五年遠赴英國倫敦「塔菲史塔克診所」的系列演講中曾說：「我們剛才所談到的諸功能（指四種心理功能），在我們與環境聯繫中，主宰或幫助我們進行意識定向，但這一些功能不適用於處於自我之下的事物的聯繫，自我是漂浮在幽暗事物海洋下的一點意識。幽暗之物就是內部之物，緊靠內部一面有一個精神事件層，它形成環繞自我的意識帶。」這一個意識帶恰好做為意識與無意識的中介地帶，而想要與這一層精神事件層互動，就必須倚賴「內在功能」。這裡的「內在功能」跟創造較有關。

現代人越來越內向，我們生活在一種「外向理想」的價值系統中，也就是大家都認為

理想的自我形象是合群、有主導能力，並且在聚光燈之下如魚得水的。最典型的外向人格強調行動而不愛三思，好冒險不喜照料他人，自信且不自疑；他們喜歡當機立斷，即使有可能出錯也不在乎。像柯P、黃國昌或名嘴與臉書紅人，大多是口才好、在媒體中應對自如，或者果斷與勇敢還要具備搞笑能力。當然，我們也容忍精通電腦的宅男盡量宅下去，愛多宅有多宅，但他們是特例，不是原則。總之偏外向的人一直是較吃香，尤其在這人人都想紅的時代。

相對的偏內向的是較吃虧的，他的特質如敏感、嚴肅和害羞、不擅言詞等，現在幾乎變成次等的人格特質，內向者活在「外向理想」的價值體系裡，就好比女人在男人稱霸的世界裡打拚，或者被視為女性化的男人，總是因為自己本身的特性而被打了折扣。外向的確是相當吸引人的人格形態，如那些跨越性別，較中性的女人，男性化的女人，或者較陰柔但外向的男人，都是這時代較受歡迎的人格特質。

孔子從類似氣質的角度把人分為「中行」、「狂」、「狷」三種。所謂「狂者進取，狷者有所不為」。意思是說，「狂者」一類的人，對客觀事物的態度是積極的，進取的，他們「志大言大」，言行比較外向而誇張；屬於「狷者」一類的人比較內向而拘謹，因而就「有所謹畏不為」；「中行」一類的人則介乎兩者之間，是「依中庸而行」的人，中道之人是孔子讚許的理想的人，然孟子應該有些狂氣，較接近以直報怨的正直之人。春秋戰國時期的陰陽五行學說，把人的某些心理上的個別差異與生理解剖特點聯繫起來。按陰陽的強弱，分為太陰、少陰、太陽、少陽、陰陽和平等五種類型，以現在眼光來說就是很娘、稍娘、很 mam、稍 mam、中性……，不過這是品評男性的角度，古代人講的也是男性，女人不在列。另外又根據五行法則把人分為金形、木形、水形、火形和土形，各有不同的膚色、體形和氣質特點。這兩種分法是互相聯繫的。作為分類基礎的陰陽與近代生理學研究的興奮和抑制有某些類似之處。

在這裡氣質是人的特質，沒有好壞之分，後來氣質變成美學名詞，它只有「有氣質」、「沒氣質」，就像「氣氛」一樣，有比沒有好太多。

有氣質的作品，有詩意，含蓄婉轉，耐人尋味如木心的《瓊美卡隨想錄》，每篇都短短的，然俊逸有神，如〈如意〉：

生活如意而豐富——這樣一句，表達不了我之所思所願；我思願的乃是：集中於一個目的，作種種快樂的變化。

或說：

許多種變化著的快樂都集中在一個目的上了。

迎面一陣大風，灰沙吹進了愷撒的眼皮和乞丐的眼皮。如果乞丐的眼皮裡的灰沙先溶化，或先由淚水帶出，他便清爽地看那愷撒苦惱地揉眼皮，拭淚水。

之前，之後，且不算，單算此一刻，乞丐比愷撒如意。

氣質可以用來評西方作品嗎？我覺得紀伯侖、保羅・策蘭、佩索亞所寫的文字都是可稱得上氣質之文，如佩索亞《惶然錄》所書：

有時候，我認為我永遠不會離開道拉多雷斯大街了。一旦寫下這句話。它對於我來說，就如同永恆的微言。

黃昏降臨的融融暮色裡，我立於四樓的窗前，眺望無限遠方，等待星星的綻放。我的夢境裡便漸漸升起長旅的韻律，這種長旅指向我還不知道的國家，或者指向純屬虛構和不可能存在的國家。

被上帝剝削

呵，我現在明白了！V先生就是生活。生活，單調而必需的生活，威嚴而不可知的生活。這個平庸的人代表著生活的平庸。表面看來他對於我而言意味著一切，就像表面看來生活對於我而言意味著一切。如果道拉多雷斯大街上的辦公室對於我來說代表了我的生活，那麼在同一條街上我就寢的第二層樓房間就代表了藝術。是的，藝術，與生活在同一條街上，卻是在另一處不同的房間裡。給生活減壓的藝術實際上並沒有給生活減除任何東西，它同生活自身一樣單調，只是表現為另一種不同的方式。是的，對於我來說，道拉多雷斯大街包含了一切事物的意義，還有對一切神祕的解答，只是除了神祕本身的存在——這超出解答以外的東西。

散文與小說的藝術特徵

在詩、小說、散文、戲劇四大文類中，詩與戲劇較無問題，小說應該也沒太大問題，主要是散文。在中國文學的傳統中，詩文是主要文類，文中又以議論、史傳為主要文類，然在西方它是邊緣文類，泛指與韻文相對的廣義散文，這是一大衝突點；再來是小說與散文文類分界模糊之後，散文與小說相較地位動搖，這又是一大衝突點。是這些衝突讓我們產生文類的混亂，這確是一個散文美學的危機。

從文學獎中引發「散文能不能虛構」的問題，是個假命題，或者是立場的分歧點與誤解，我雖憂心，並不想參與討論，更不想擋人財路。文學獎的參賽文章是特殊案例，凡有比賽或科考，必有樣板、抄襲與作弊或特例、特技出現，為了得獎或中試，什麼樣的事情都會發生，它跟散文能不能虛構有何關係？這跟問考試能不能作弊有什麼兩樣。

散文虛構算不算作弊？一半是一半不是，因為散文並非百分之百真實，它或者因為要隱惡揚善，只寫部分真實，或者作者記錯，時空不準確，或者為保護他人隱私，姑隱其名，所以這世上怎麼可能有百分之百的真實？然而為了得獎而虛構，這是高級作弊，假虛構之名而作弊。我們不能怪參賽者虛構，是比賽的機制就會誘人犯罪啊！獎金越高越是危險，如果獎金是個位數，那些為錢而賽的人自然無意於此。所以我贊成降低獎金，增加獎額，以達到選拔新人之效。而且文學獎的主辦單位與評審是在大家都該懂散文是什麼的狀況下，評選非虛構散文，卻沒在比賽辦法中標明，那麼虛構自然是會存在的，而無法責怪參賽者，然故意虛構與無意虛構還是有差別，前者明知不可而為之，後者不知不可而為之，前者的錯誤自然較大。我曾當面問一個五十幾歲還在參賽的寫手：「如果獎金少個零，你還會參賽嗎？」他回說：「不會。」給新人出頭的文學獎確實需要，然多點獎額，對大多數是學生的參賽群，五萬至八萬，對他們來說不少了。錢是關鍵，給獎的辦法更需要修訂啊！

在正常的情況下，完全虛構的散文是沒人要看的，你明明雙親健在，卻要寫一大篇孤兒的心聲，這種假文章沒什麼價值，現在散文分為幾種：一種是刻意的虛構，也就是拿別人的素材作改寫，這也是比賽性質，它的遊戲規則是大家都寫假的，這種也算文學獎的虛構的一種，像故事館舉辦的徵文，以他人的採訪影片為題材進行改寫，這是堂而皇之的虛構，然其文學價值並不高，也許有一點點歷史意義，也並無歷史價值；另一種是素人的散文，舉凡自傳、勵志、親情、愛情……，因較無經驗以素樸真摯為美，它當然是越真實越好，如《汪洋中的一條船》、或《佐賀阿嬤》都很感人，這類散文如不真實就有問題；另一種是一般散文，稱他美文或雜文、小品也好，它大約不脫離「獨抒性靈」或「文以載道」的傳統，在此傳統下它是「散文人的散文」，因為存在一個鮮明的以散文為職志的散文家或者散文人，他知道自己寫的是散文，並對散文有一定的理解。這時什麼樣的人寫出什麼樣的文，作者是什麼樣的人決定散文的高下，一般人覺得寫散文很容易，寫一般般的散文很容易，要有自己的風格或寫得好卻很難。

散文是「散行的理想自由文體」，散行無須解釋，理想是符合集體渴望的美，自由是題材不拘長短，有短至語錄長至傳記，文體是可檢驗的成熟作品，散文的門檻是文字，有自己的聲腔與鍛鍊，文字或可經密集或長期的鍛鍊而達成，然文體的魅力是強學不來的，它跟天資較有關，如魯迅、張愛玲的文字，具有某種特殊的魅力，它無法強學而致，散文家首先是文體家，有些人的文字雖然辭藻美麗，仍無法吸引人，有人寫了一輩子文章仍無法讓人記住，這是文體的神祕之處，文字有特殊魅力的人，不管寫什麼都讓人覺得津津有味，這是散文困難的地方之一。

散文困難的地方還在於人的品質，他們或許具有過人的靈氣、悟性或器識，否則怎麼能讓人喜愛或佩服呢？一個俗臭、魯鈍、膚淺之人寫的文章，技巧再過人，會是好文嗎？靈氣、悟性、器識與道德不必有關，但與氣質、涵養有關，他或許背德、叛逆，然他只為與流俗相背，沒有悟性也很難穎悟，我們在散文中不是希望能找到超出一般的領悟與學識、胸襟嗎？

散文最困難的地方還在真誠，這裡有幾個層次的真誠，一是文學的真誠，一是自我的真誠，一是存在的真誠，文學的真誠是可以被檢驗的，是表現你在書寫時對文學的忠誠度，是玩玩還是認真的？是一時的還是長久的？再來，一般人不敢面對真實的自己，你敢像盧梭或三島由紀夫那樣把自己背德或陰暗面公布於世？有些人寫散文只寫光明面，人文學家並非無道德，而是對道德的詮釋更寬，他追求的真誠就是他的道德，或者說是理想大於道德且包含道德，而道德卻無法大過理想，他為什麼要坦露自己呢？因為他像哲學家一樣在探究存在的真實，哲學只講普遍性與永久性，不講特例，而散文中的那個我是普遍性的人也是獨特的人，因為這世上沒有完全一模一樣的人，每個人都是獨一無二，在此意義上，去寫我如何出生，我的家人、我的愛恨、我的年代……即是以特別的人去描寫永久性。散文家熱衷於挖掘自己，把自己當作獻祭或宇宙的一部分，從書寫中找到存在感與存在意義。在這點上它跟抒情詩有點像，我們的美文與雜文應歸為此類，差別的是一使用詩行，一使用散行。

我們的文學幾千年來以抒情詩為傳統，不像西方有史詩傳統，史詩白話後成為小說，西方談小說常是從史詩談起，盧卡奇就認為「小說是史詩的殘餘」或者說殘廢，主要是現代小說的主角不再是神人或英雄，而是傻子、病人、瘋子，他們的追尋是不完整的。但他高度評價托爾斯泰，因為他的主角最後都會經由死亡造成「偉大的時刻」，然他卻無法欣賞杜斯妥也夫斯基，因為他那些病病瘋瘋傻傻的人物不討喜，也缺乏盧卡奇強調的「典型性」與「總體性」，盧卡奇的小說美學是寫實主義式的，它不能意識現代主義的到來，因而與布萊希特有過一場美學論戰，一寫實一現代，布式的作品是現代主義的實踐，然他並無美學論著，在這點上，巴赫金就更為先進，他透過「雜語性」（也就是混雜的語言造成的眾聲喧譁）與「時空體」（時間與空間的交織）說明小說的特性，如此提高小說的地位，他大力推薦的小說家果戈里與杜斯妥也夫斯基，都是現代小說的先驅，可見美學家不能食古不化，他不但要與時俱進，還要洞燭機先。

小說這個文類到中國是全盤西化，可是誰能繼承史詩傳統？講到史詩也只有概念，因為我們並無史詩傳統，小說有兩個字根 Fiction 與 Novel，前者是由希臘文演變而來，指的是「作家所捏造的事物」；後者指「新奇的事物」，因此前者指的是帶有虛構性質的作品，後者指的是帶有寫實傾向的作品。因此寫實與虛構是小說的兩極，有時它走向此端，有時走到彼端，如史詩《伊里亞德》寫實多一些，《奧德賽》虛構多一些，它很早就確立小說的特質，寫實或虛構的兩極並存的藝術特徵，過於強調寫實或過於強調虛構都是走極端，極端都於美有傷，當寫實走到極端被垢病之後，虛構再起，然虛構走了極端，當然會引起反撲，寫實功力是小說的基本功，能寫實再寫虛就無太大問題，如喬伊斯的《都柏林人》是偏寫實，然是主觀的寫實，和自然主義講究的客觀寫實不同，後來他眼力漸不行，觀察力與素描力再也不如從前，他轉向寫虛，《尤利西斯》就是很好的例子，通篇意識流，而尤利西斯即是《奧德賽》中的主人公名字，作者並未忘記史詩傳統。千篇一律且偏食的寫實或虛構，皆會產生美的殘缺。

我肯定王定國的小說，是企圖將虛構的極端拉回來一點，並非主張完全的寫實，現下寫小說的人有些把基本功都丟了，連事件也講不清楚，這不令人憂心嗎？駱以軍早期的小說《紅字團》也有些寫實功力，我認為《月球姓氏》是虛實交織得最好的一本，之後一路偏虛構，且走了極端，只要拉回一點，不更完美？

如果散文是「自我之書」，那麼小說則為「他人之書」，散文用正常的語言描寫正常的事物與情感；小說用正常或反常的語言描述反常的事物與情感；詩則是用反常的語言表達正常的事物與情感。所謂的正常是指合於一般經驗與文法，所謂的反常指不合於一般經驗與文法，它們是比較的，而非絕對。

因為小說的兩極性，使小說成為較複雜的藝術，它有短篇與長篇兩種基型，也僅僅只有兩種，中篇與極短篇是新的文類，尚未理論化，已理論化的才能成為真正的類型。

小說的困難在於歷史性、哲學性、典型性、總體性、雜語性缺一不可。小說與歷史糾纏不清自古已然，中國稱小說為「野史」，史詩即是歷史性的詩歌，亞里斯多德曾試圖區分「歷史是描寫已然發生的事件」，而詩（或小說、戲劇）是「描述可能發生的事件」，佛斯特更進一步說明「歷史是按時間順序排列的事件；小說是按因果關係排列的事件」，擅長書寫歷史小說的雨果則說「歷史要求的是全面，小說要求的是細節」，「歷史有真實性，小說也有真實性，它們的共通處是在描寫永久的人」，歷史追求客觀真實，小說追求主觀真實，只要一進入史頁，歷史人物便具有某種永久性；同樣的被書寫的成功人物也具有某種永久性。

小說需要深度，而天才是天生的哲學家，他總能提出清新而雋永的觀點，哲學是探討萬事萬物的普遍原理，它不講特例，小說卻是通過特別的人或特例來說說事物的普遍原理。思想越深刻的作品越能啟迪人心，過去作家是時代的良心或精神導師，要肩負時代使命，但作者被稱死亡，人人比廢比賤，小說的哲學性可說接近死亡，故而米蘭·昆德拉提出小說已死的「終結反論」，其中之一即是哲學的召喚，他把小說寫成哲學論文，銜接小說的使命感；村上春樹與村上龍的小說如果抽掉哲學性，將只是輕小說。

談文學與類型

類型學與藝術特徵

這幾年大家為散文能不能虛構的問題爭吵不休，最後居然出現「散文是藝術性最低」的說法，文人相輕自古已然，如今是文類相輕，文類的問題是美學的範疇，必須從根源談起，它們並非是非選擇題，現代文學是西化的文學，文類自然依循西方文學中詩歌、小說、戲劇等類別，然類中有型，型下有屬，譬如情詩是詩歌類中的抒情詩型愛情屬；奇幻小說是小說類的「類型小說」型中的奇幻屬，西方並無散文一類；然在這之前，中國的文類型一直是以詩、文為中心，也就是主要類別只有詩歌與古文兩類，古文分型以《昭明文選》為最早，也最繁複，到清代桐城派《古文辭類纂》減縮之後還有十三型，是個超級大類，文學家沒有不寫古文的，什麼古文八大家，寫的不都是散文？幾千年的歷史怎能全盤西化，雖然西化是現代文學的追求，然散文在明清已完成白話化、現代化，歸有光的〈項脊軒志〉可說是最早寫母親阿媽的宅男散文，他可是明代第一人呢！而公安派的「獨抒性靈」依然可作為現代散文的依歸，散文要寫什麼？他們早已清楚說明白，第一是獨，可解釋為孤獨或獨特；第二是個性；第三是靈氣或靈魂。這種主張也為五四散文所依循，所以它不受西化的影響，走得最快也最穩健，拿現在的文學跟五四相比，散文進步稍多，詩歌與小說在西化的籠罩下進進退退，寫不過古人、西方；而只有散文有進而無退，主要它是匹孤獨的野馬，在前人的基礎上前進，品類上更為豐富，怎能說此文類不重要？藝術性最低？

在此散文的混亂時期，散文弱化、雜化的現象會越來越明顯，每個時代都有主要文類，在古希臘是戲劇與史詩，亞里斯多德的美學論著《詩學》談的就是文類以戲劇為主，康德、黑格爾加進建築、雕塑；至魯卡奇、巴赫汀以小說為主，小說便成為文學的重要文類。臺灣當前以長篇小說為主文類是美學受西方文類與市場影響使然，古中國以詩文為主文類，小說為邊緣文類；自新文學以來，詩、散文、小說三管齊下，並無偏廢；然自網路書寫以來，人人皆可寫，散文的地位動搖，然為何偏偏是長篇小說當道呢？一是受類型翻譯小說影響，它們一本比一本厚，再來長篇小說是大文學獎頒發的對象，是由上而下的文學策略使然，不寫長篇不會得獎，也不會賣。其實小說有短篇、中篇、長篇，它們由小型史詩、中型史詩、大型史詩發展而來，中國以前只有小型史詩，最長的史詩如

〈孔雀東南飛〉也只三百四十多句，一千七百多字，而《伊里亞德》只能算中型，就有一千五百六十三行，數萬字。中國人不擅長篇史詩自古已然，因此林燿德的〈軍火商韓鮑〉才特顯意義；明清雖有章回小說，也多為短篇連綴之散體結構，因此我們可理解《紅樓夢》寫十年仍寫不完，民國以來短篇大家多，長篇大家少，這也是可以想像的，同時寫長篇與短篇的如沈從文，他的長篇《邊城》特顯意義；張愛玲與蕭紅是中篇強手；錢鍾書的《圍城》受晚清諷刺小說影響，結構不能說完美；白先勇的《臺北人》比《孽子》予人印象更深刻；陳映真、七等生、王禎和、黃春明都是中、短篇作手；朱天文、朱天心也是中短篇好過長篇：真正具有長篇氣魄的應屬李喬「寒夜三部曲」或施叔青「臺灣人三部曲」，多部曲小說為長篇發展至極致的連鎖結構，以左拉為代表，那已是上上個世紀的事了，上個世紀普魯斯特的《追憶逝水年華》也把自我書寫拉至極限。短篇的藝術特徵是單一效果或效果集中、戲劇性瞬間，可說是單純的藝術，單純非簡單，通常以一人一事為主；長篇的藝術特徵是延展性、複雜性、悠閒感，通常以多人多事為主，可說是複雜的藝術，前者以望遠鏡的視野看世界，故鎖定的範圍單一而狹小；後者以攝影機與顯微鏡的視角看世界，肉眼能見與不能見的事物皆能掌握，而越包羅萬象，越能創造一個比現實更真更美的世界，讓我們願住進其中，悠閒地與人物同遊同感為好。

繪畫有速描、水彩、油畫、膠彩……，他們的藝術特徵皆不同，長篇與短篇是小說的兩個基型，中篇與極短篇是新類型，還未理論化，其實現代優秀作品多為中篇，如卡繆《異鄉人》、湯瑪斯曼《威尼斯之死》、維吉尼亞．吳爾芙《燈塔行》、莒哈絲《情人》、魯迅《阿Q正傳》、張愛玲《金鎖記》、蕭紅《生死場》、白先勇《遊園驚夢》……大抵以一人多事或多人一事為主，類型以藝術特徵區分，而非以字數或厚薄度區分。

寫短篇沒有比較容易，有些長篇不過是大量摻水的短篇或中篇，一個健康的文學環境，短篇、長篇皆重要，莫泊桑、契訶夫、愛倫．坡是短篇之王，艾莉絲．孟若以短篇獲諾貝爾文學獎，為什麼只獎勵長篇，而且是大量摻水的短篇或中篇？如果寫得好能膾炙人口也就算了，寫得不忍卒睹的到處都是，一般人不懂，主其事的也不懂，真是令人好無奈。

類型不講究，造成黑白不分，是非顛倒的狀況。

主要是我們的文學理論太不重視類型學，才會發出散文能不能虛構這樣白癡的問題，散文當然能微量虛構，但不能大量虛構，虛構時要讓讀者明白你故意的實驗，完全真實不可能，因為作家有時也會姑隱其名或其事，微量虛構是允許的，大量或全面虛構只能是實驗或特例，虛構而不喪失類型的藝術特徵，是允許的，每個文類都有特例，有幾乎貼近真實的小說，也有散文化詩化小說，但能說那是常態嗎？

美國哲學家沃頓（Kendall Walton）在一篇著名論文〈藝術的類別〉（Categories of Art）中提到，一個作品呈現出什麼樣的美感性質（aesthetic properties），會被它所歸屬的類別（category）影響。如果是這樣的話，我們對作品的審美判斷事實上會被作品的類別所左右。所以類型學是美學的重要因素。

沃頓談類型談美感性質，先談其相對面，他說作品美感性質的存在完全仰賴於「非美感性質」（non aesthetic properties）。美感性質，簡單說，就是從審美角度來看作品所具有的特徵。譬如神祕（mystery）、協調（balance）、平靜（serenity）、蒼白（pallidness）、古怪（grotesqueness）這些都屬於美感性質；而像作品的顏色、線條、材質等等就屬於非美感性質。舉個例子，一幅描繪夜雨的畫作之所以陰鬱，可能是因為畫家大量使用了暗色系的色彩以及朦朧的線條，此時，「陰鬱」這個美感性質之得以顯現，便是奠基在顏料與線條的某種組合，亦即畫作在基礎層次上的非美感性質。沃頓想要說明，一個作品的美感性質並非完全奠基在非美感性質之上，而是還要看哪些非美感性質是標準（standard）性質、可變（variable）性質以及反標準（contra-standard）性質，而這個模組會依作品歸屬的類別而有所變動。

舉例來說，如果一個作品缺少了那種性質，那麼這個作品不會被歸類到那個類別。例如，一幅畫的「平坦性」（flatness）跟「靜止性」（motionlessness）就是繪畫（painting）

這個藝術類別的標準性質。

從上述的討論，我們可以發現將作品歸類成不同的類別，作品會呈現不同的美感性質。下一個重要的問題是，作品一定有正確的類別嗎？沃頓認為當然是有的，否則的話，審美判斷便無對錯可言。接下來該怎麼決定作品類別的正確歸屬？沃頓提出四個判定方法，他認為第四種在大多時候有決定性的作用：

一、若W擁有大量C的標準性質，而C的反標準性質在W中則非常少或根本沒有，那麼將W歸類為C很可能就是正確的。

例如，《三國演義》具備了許多歷史小說或是戰爭小說的標準性質，把它歸類為歷史小說最為允當，但「三國」故事主要以打鬥為主，戰爭是它的標準性，戰爭的反標準性是和平，三國並無太平盛世的描寫，因此把他歸類為戰爭小說亦無不可，就愛情小說而言，反標準因素太多，因此不能歸類為愛情小說。不過這個判準卻有反例，沃頓的理論以繪畫或音樂為主，如《格爾尼卡》可被歸類為繪畫，也可被歸類為「格爾尼卡」，就所具有的標準性質來看，兩種歸類同樣恰當。

二、如果將W歸類到C比起歸類到其他類別更能豐富審美體驗，那麼C很可能就是正確的類別。

但這個判準也有問題，只要有辦法找到乍看合適的類別，那三流作品也會變成一流。

例如將《哈利波特》從類型小說奇幻屬，移置到經典小說神怪屬，好像有點不妥；但如把《小王子》從少年小說奇幻屬，移置到經典小說遊記屬，那就更為精確了。

三、如果W在發表之時普遍被歸類為C，那C很有可能就是正確的類別。換句話說，C在W誕生時已經是一個公認的類別，而且當時的人們普遍認為W是屬於C。

沃頓認為這個判準比前兩項來得有說服力，但還是有反例。他舉了奧地利作曲家荀白克（Arnold Schoenberg）的例子。荀白克開始用十二音列技法（twelve-tonetechnique）創作曲子時，這個音樂類別尚未被建立，在當時幾乎沒有人會把這些曲子當成十二音列的曲子來聆聽（只除了他一些摯友），但荀白克是有意識地要創造一個類別。在這個例子中，要決定正確類別，我們似乎只能訴諸荀白克的創作意圖，而這正是沃頓心中最關鍵的判準。

四、如果C是作者創作時希望W所屬的類別，那C便是W的正確類別。亦即，作者的意圖決定作品的正確類別。上述荀白克的例子揭示了這點。

在創作過程、大多作者的意圖是模糊的，或者是在創作過程中會不斷變更意圖，在這些情況下，沃頓認為我們便須仰賴其他三個判準，但無論如何，「三」跟「四」是最關鍵的，可合併使用，尤其是「四」可以解決「三」所不能解決的案例。這兩個判準都牽涉到作品誕生時的歷史背景因素，因此被沃頓稱為是「跟歷史相關的條件」（historical conditions）。

沃頓承認即使給定上述四種判準，還是會有很多無法解決的特殊案例，但他不認為這是件壞事，相反地，這種模糊案例的存在——用不同的類別來看待作品——正是欣賞藝術的樂趣之一。

沃頓的類別理論對藝術哲學的反思在於，他論證了外在於作品的因素會影響作品的美感性質，進而影響我們的審美判斷。過去的觀點認為，要知道作品有什麼美感性質，只要研究作品本身即可，因此我們的審美判斷完全取決於作品自身，也就是作品是獨立且封閉的。而忽略了作品誕生之時與之相關的歷史脈絡因素（作者意圖、社會觀感等等），因此反意圖主義者比爾茲利（Monroe Beardsley）才會說，詮釋作品時訴諸作者意圖便是犯了「意圖謬誤」。

因此，關於作品的歷史事實是至關重大的，即上述提到的歷史性條件，這些都是作品以外的部分。特別是作者關於作品類別的意圖會影響到我們是否能在作品身上感受到正確的美感性質，進而影響到審美判斷的正確性，也就是文類屬性的判別牽動著我們美學的判別。誤判可能造成十萬八千里的差別。

沃頓的理論開創了「脈絡主義」（contextualism）的形成，所以評論作品時不能只考慮作品本身，還要考慮這些歷史脈絡因素，否則的話，會對作品產生嚴重誤判。

以謝冰瑩為例談女性自傳散文

歷史脈絡的掌握，也就是還原作者的寫作意圖，先確定文類，再探索其藝術特徵。謝冰瑩以散文為主文類，小說、兒童故事為次文類。散文中又以自傳、日記為主文類，遊記、文論為次文類。

有關謝冰瑩的想像幾乎都圍繞著「女兵」這個形象與主題，她出生於一九〇六年，一九二六年二十歲從軍，當兵約兩個月，隔年在孫伏園主編的武漢《中央日報》副刊發表一系列《從軍日記》，並由林語堂翻譯為英文發表，自此驚動海內外，並得到多位文學大師的肯定，這本為大時代而寫的從軍報導短文，出自年輕女性之手，呼應當時革命、祖國、人民、自由……等宏偉主題，切合時代又超乎人們對女性的想像，受到矚目自是當然；然這與眾不同的身分也向她索取莫大的代價，她自此在監獄、貧窮、失愛失婚失子、流離失所、疾病中打滾，這些在一九三六年出版的《女兵自傳》中有著熱切真摯的表達，一九三七年三十一歲她又上戰場，並書寫《抗戰日記》，十年中她完成的「女兵三部曲」實已奠定文學地位，然在家國大敘述中的女性書寫更顯幽微，作為女性，她為情感受的苦超乎一般人想像，要不是她擁有男子般的剛強意志，可能無法度過重重難關。

我們可把《從軍日記》與《抗戰日記》劃分為一類，是日記體的大兵報導文學；《女兵自傳》為女性自傳文學，她以女性生命史為主軸，「兵」的部分很少。按生命史的歷史時間書寫，然以小標題作分散處理，因此各篇獨立又聯結，展現女性離心書寫的特質：

一、女性生活與細節描寫

跟大兵系列的急就章不同，這本自傳寫得很細，不管在童年部分，少年、青年都各有畫面，如果童年是田園牧歌；少年時期則是詼諧曲：青年時期就是進行曲了。在田園牧歌中她細膩地描寫家鄉的女性生活單調中的情趣，如〈紡紗的姑娘〉：

> 冬天在房子裡紡紗，有種種不方便，譬如母親為了省油沒有點燈，借著火光照耀，總是感到黑暗，背部也覺得寒冷；秋天的氣候既溫和，月光又特別純潔、清朗，再加以祖母講著牛郎織女、月裡嫦娥、王母娘娘……的故事，更提起了我們紡紗的興趣。有時故事聽得入神了，大家不約而同地停止了紡車，爭著問：
>
> 「結果呢？」
>
> 「結果呢？偷懶的小姑娘都停止工作了。」
>
> 祖母這個幽默的結論，引得大家都哈哈大笑起來。
>
> 悠揚的紡車聲，在夜闌人靜的深夜裡響著，恰似空谷的琴音；微風從我們的頭上輕輕掠過，還帶來了一陣陣花香。

沉醉了，我們是這樣沉醉在美麗的夜色中。

二、情愛與孤獨

她的感情生活多采多姿，四角戀、多角戀……造成屢屢衝突，年輕時的謝多情而浪漫，她與軍校同學符號同居，生下一女符兵，愛情生變後一九三一年在《小說月報》上發表〈清算〉以作了結：「奇之於我，一百條恩愛，一百零一條罪狀」，用文學形式分手，可謂驚世駭俗；這之後與顧鳳城結婚，這段感情只維持一年多，之後與黃維特相戀，在一九三五年留日時兩人書信往來，並在〈信〉一文中書寫他們之間的情書：「靜靜地讀著他情致綿綿，而又充滿了生命力的情書。」短短數年間好幾段戀情，連魯迅都對她有意見：「冰瑩女士近來似乎不但作風不好，她與左聯亦早無聯繫，所以我不能代為催促。」而拒絕代為邀稿，可見她當時的作風實有一些「放浪」，而受到主流文學的排斥，她漸漸往文學的邊緣遊去，這跟她受當時女性要求解放的訴求有關，也跟她早早成名有關，追求他的男性不是才子就是美男，「他（指黃維特）是中國數一數二的美男子，兩個富有魔力藏著深情的眼睛一觸著就會使你發狂，你的靈魂會不知不覺被他吸出。」（〈清算〉）；再者兩次出國讓她視野膽識都大大提升，其浪漫敢為跟林芙美子相比實有勝之，這也跟她的愛情信念有關，她不願受任何拘束，「我是屬於社會的，我像男人一般為社會工作，我更需要自由，愛人禁止或干涉我和朋友往來是不成的。」「我覺得男女應該是一樣的，因為都是人，為什麼和異性作朋友就有許多無聊的謠言發生呢？」她對愛情與自由的追求是不被了解的，女性的孤獨只有自吞眼淚，因此產生許多自我喊話的作品：

S妹，是時候了，不要猶豫，不要徘徊！你應當回想你的過去，計畫你的將來，你要作「人」，過著「人」的生活，非趕快脫離你現在的環境，非永別凶暴的軍官不可！S妹，是時候了，不要猶豫，不要徘徊！你應當回想你的人格，爭取你的自由，幸福在你面前招手，如果你拚命追求的時候，S妹，不要猶豫不要徘徊，你應當從鎖鍊中掙扎，掙扎解放你泥濘的身心，你更要爭鬥，爭取你失掉的青春！S妹，是時候了，不要猶豫，不要徘徊！

連下四次「不要猶豫不要徘徊」，這種重複迴環，除去表達女性在情愛中的猶豫徘徊，也展現女性書寫多元散發的特質，以及深厚的女性團結意識。

因為情感生活過於自由浪漫，她平生最怕見柳亞子，只因柳每次見她，都會責備她感情不專，在柳的再三勸告下，決心徹底改過，自從與賈伊箴結婚後，關係還算穩定，然賈的大男人作風讓她吃了不少苦頭，年至五十，她給自己的禮物便是皈依佛教，經過一而再、再而三的感情摧折，強悍的女兵終於低頭，在佛前跪下。她一生的情感追求帶給她無盡的痛苦與孤獨，在第四次逃婚搭船到上海，相似的孤獨感常常出現：

我像一隻失了舵的孤舟，漂浮在波濤洶湧的大海裡！我像一匹弱小的羔羊，失落在虎豹怒吼的森林；我像一隻失群的孤雁，整天在空中哀號，飛過了太平洋，飛過了喜馬拉雅山，飛遍了天涯海角；但，何處是歸宿啊！天！

三、遊女與女遊

謝雖是富於陽剛氣質，在面對愛情與自我時卻是女性化的，酷愛旅遊的她每到一地總會留下遊記，這些遊記大多是抒情美文，跟她的日記體與自傳體略有不同，代表作有：〈黃昏〉、〈愛晚亭〉、〈秋之晨〉、〈獨秀峰〉、〈龍隱岩〉、〈乳花洞〉、〈華山遊記〉、〈珞珈之遊〉、〈濟南散記〉等，都是「在執著的愛的信念、愛的追求中顯示了優美和諧的風格」。作者在年少時逃家，她的逃亡路線遠至日本，以放開的改良腳成為「遊女」，來臺之後展開的「女遊」更是多采多姿，她的空間自由度高，常把空間感改寫為地方感，空間是無感情的，地方卻富於情感；這種處處無家處處家的豪情是一般女性少有的，當她回眸自己的故鄉，因而產生既遠又近的美感，如〈愛晚亭〉：

愛晚亭，我真太愧對你了。十五歲的那年，當我還是梳著兩條小辮子的時候，我第一次和你結因緣，一直到今天，我沒有一時忘記過你！記得那時候，我曾寫下這樣的句子：

「我願永遠安靜地躺在青楓峽裡，讓血紅的楓葉為我做棺蓋，潺潺的流水，為我奏淒切的輓歌。」

但一直到今天，我還沒有把你的美，你的深情，你給予遊人的快樂和安慰寫出來。我真不知要怎樣來描寫你；不知有多少初戀的情人，願意永久躺在你的懷抱？不知有多少失戀的人，跑去你那兒哭訴他傷心的遭遇？一年到頭，你有四時不同的姿色。

她寫出了愛晚亭，卻也寫不出愛晚亭，它已經變成一個無限的符號，傷痛的能指，謝冰瑩跟其他女遊者不同的是，自我的旅行意識就相當明顯，她曾自言：

我的性情好動，生平喜歡旅行，青年時代曾有周遊世界的幻想，如今知道這是經濟力量不能達到的事情；但願打回大陸之後，周遊全國的名山大川，學徐霞客、老殘他們的榜樣，寄情於山水之間。

她以徐霞客、老殘為師，以傳統山水作為遊覽觀看的客體；她則在異國山水中找回主體，因為她的主體早已建立穩定，因此為文都是謝氏風格，與其說她「呈露出突破感情壓抑和女性固有的陰柔之美的傾向，體現出一定的觀照人生、高揚主體的現代性。」不如說她處處無家處處家的情懷，常把異地與家鄉融為一體，來回往復成為互文，因此愛晚亭無異基隆無異菲島無異舊金山，她的離散是永不離散。

綜上所述，謝的女性書寫不僅是多元發散的，還具有離心的特質，她的女性意識是分裂的，在家國書寫上她是非本質論者，認為男女能力並無不同；在私生活上她是本質論者，認為男女心理不同，也許就是這分裂造成她作品的獨特性。

「女兵三部曲」奠定謝的文學地位，同時也局限有關她的文學討論，女／兵這個語詞是矛盾又統一的，女質與兵氣相對立，然謝將這矛盾與對立化為統一，並以此身分書寫；女兵的身分在性別上是在男性與女性之間位移，在語言上則是多重的，尤其是日記體，它的讀者原來僅限作者本人，他人不得窺視，應該是封閉系統，卻因公開發行，而成為人人皆可閱讀的僭越者亦是窺視者；作者的血淚史改寫小寫的我成為大寫的我，因此她的文本不僅開放，而且可以再開放直至解讀暢行無阻，這是她作品魅力的重要來源。

她的一生充滿矛盾，她總能將這些矛盾統一，卻因此遠離政治風暴，而走向離心的書寫，就算在三部曲中也能讀出那既核心又離心的拉扯，最後導致的恐怖平衡，此為閱讀謝最耐人尋味之處。

作者意圖與接受美學

接受美學是一傾向以讀者為中心的審美理論，「接／受」含有交流意味，重要理論家姚斯（Hans Robert Jauss）認為，以往的文學研究著重在作者中心上，以作者的創作意圖為根據，後來又轉向文本中心上，以文本的語言結構為準，卻忽略了「接受者」——也就是讀者的研究，在作者——文本——讀者的運作鏈上，讀者是歷來被研究最少的，卻是構成文學歷史重要的一環，一部文學作品的歷史生命，若不經過讀者一代代的閱讀，沒有歷來讀者的接受，就不會有文學作品的歷史。

在接受理論中，文學文本和文學作品是兩個性質不同的概念：

一、文本是指作家創造的同讀者發生關係之產物，是雙向的；作品融會了讀者感。

二、文本是以文字符號的形式儲存著多種多樣審美資訊的硬載體，是複雜的；作品則是在具有鑒賞力讀者的閱讀中，由作家和讀者共同創造的審美資訊的軟載體，較為單純。

三、文本是一種永久性的存在，它獨立於接受主體的感知之外，其存在不依賴於接受主體的審美經驗，其結構形態也不會因事而發生變化，可說是較為中立；作品則依賴接受主體的積極介入，它只存在於讀者的審美觀照和感受中，可說較為主觀。由文本到作品的轉變，是審美感知的結果。也就是說，作品是被審美主體感知、規定和創造的文本。

以張愛玲為例談作者意圖與讀者接受史

從一個讀者的眼光，我的接受史是階段性的改變，普遍讀者的接受是否也改變了呢？第一個階段作為普通讀者，她並非我的前十名，在《皇冠》讀她連載的《半生緣》是第一個印象，印象最深刻的是曼楨被姊夫強暴與監禁的部分，她把女人最恐懼的情境表達出來，然我更愛《蝴蝶春夢》中的監視狂，前者是寫實的，後者具有精神性美感。之後讀《怨女》，覺得裡面的人物可憎；一直到大學時讀《流言》才被她打中，她的文字令人耽溺，想法多麼新而不退流行。但我沒學，也學不好。對我來說她是一個很遙遠的作家，跟一個西方作家差不多，我閱讀她時，她正盛年，但就跟前代人差不多，也許跟她喜歡舊題材有關。

一直到四十歲那一年，幾乎像被雷打中一樣，有一道新的理解之門被開啟。

時間停在一九九五年九月六號的晚間新聞，畫面不斷出現張愛玲最後居住的那個公寓，裡面除了一張行軍床，一盞太陽燈、散落的報紙，其他別無所有。這麼空洞且乾淨的死亡，讓我洞見了一些什麼，從未有一刻如此貼近，原來我們有幸生為同代人，見證她的死亡，不能保持沉默，總得說些什麼。

為此寫出超過五十萬字的口述歷史與論文，隨著時間挪移，世紀與世代更替，時經二十年，有關張的評價已有些改變，如果說一九九五至世紀交替是張研究的爆發年，那麼新世紀初是舊作出土年，隨著中文作品《同學少年都不賤》、《康乃馨》……到《小團圓》，她的中文書寫夾帶著神祕的魅力，新的「張奶奶迷」轉移到對岸，在這些出土作中，以《小團圓》為代表，評價雖兩極，有些句子與思想實在超展開，就研究角度來看，這本書對她的傳記研究實在重要，她比許多傳記小說更坦露大膽，然也給了一些暗黑的解釋：與胡蘭成的婚戀、與桑弧悲涼的結束、與母親絕裂、姑姑與姪子的癡戀……這麼多事情一古腦都發生在她三十歲前後，太難的人生考題，用一輩子來回答也答不完。我是真正被她的狠與真觸動了，如得其情，唯有哀矜。

那時還追著寫一些小論文，新一代的臺灣張派學者頗有越過她，擴大為海派與電影之研究，在歷史研究中，把張圈到一個角落；大陸學者則是收編的意志不改。

在這裡要小談一下宋淇與鄺文美，經過宋以朗的策畫，張與宋淇夫婦的熱誠友誼感人面世，張最溫暖幽默可愛的一面全倒給了這對夫妻，而宋、鄺對張的付出也是古今少有，如果說賴雅無條件支持布萊希特，換來的是冷待，這三人的友誼真可謂水乳交融，看來宋、鄺付出的更多，然張的生活幾乎以他們為支柱，信中不斷重複只要想到你們就覺得開心，不用寫信也能想像你們的生活，宋、鄺付出真情與實質的幫助，張回報以癡情。

如果張是曹雪芹（她亦自認為條件、背景相當，也只有她有可能匹及，如今看來是沒有），那宋、鄺可比脂硯、畸笏叟，從五〇年代之後，她的作品都有他們的意見與眉批。

他們不同意《小團圓》出版確有道理，然相隔近四十年才出版，味道走了，光華仍在，至於晚期英文作品，相信他們也是有意見的。

張的英文不差，但英文作品大多是敗筆，跟中文作品相差天懸地殊，不得不說她是個文體家，她使用的中文超前漂亮，又不退流行，四〇年代到今天仍有新異之處，因此不管寫什麼皆有可觀之處，但英文卻是越用力越失敗。

有人說《易經》、《雷峰塔》敗在英文、重複、變態……，也有人以「晚期風格」為她緩頰，我卻覺得是敗在急功近利，又高估自己與讀者。她五〇年代想以自己顯赫變態的家庭隱喻新中國的墮落，五四與革命非但沒為中國帶來進步，反而讓人心倒退，道德淪喪，因此她寫的盡是中國的壞話。就此觀點，過於偏激，就算現在也很少人能接受，而她還未入籍美國，就急於與家國切割，寫些重複的故事，只因美國讀者是新的處女地，她想重演以家族傳奇快速成名上海灘的模式，征服紐約，她迷信國際大城市才是她的舞臺，然而五〇年代的紐約跟四〇年代的上海、香港不同，他們的口味是賽珍珠、韓素英、陳紀瀅……，而《易經》、《雷峰塔》真的沒寫好，同樣是英文作品，卻比《秧歌》差很多，就算她不擅長的政治小說，也是意象鮮明，氣氛濃郁、人性表達能得溫柔敦厚之詩旨。而《易經》就像是得失心瘋的人寫的失心瘋故事，為她的文學地位扣分不少。

也就是說美國的英文創作不但沒比較好，還有一種急切性，早年她是「成名要趁早」，似乎是名在利前，中晚期知道成名已難，只能求利了，故而五、六〇年代她的主要創作是電影劇本，這種急切也在《少帥》中看到窘境，就算他能採訪到張學良，這個故事原型還是脫不了「羅麗塔」與「小團圓」的再版，更何況是未完成。故而要再一次評價張愛玲恐怕免不了，四、五〇上海時期的作品還是最重要最精采，《傳奇》、《流言》到《半生緣》皆足以傳世，後期作品為《小團圓》，一個作家能留下這麼多本已屬不易，本來是前幾名，現在要調後一些。

掩上《易經》、《少帥》，我難過好幾年，不敢再為她發聲，也不再寫研究她的論文，這是我閱讀的現階段。

我覺得自己的意見不能代表許多人的意見，張愛玲為挖掘現代人與家庭的種種變態的重要作家，「亂倫」為其中一種，《紅樓夢》的重要亂倫情節為作者或脂評小組刪去，如果不刪，可能更為激進，不減損它的文學價值。然而「亂倫」在西方文學一直是重要主題，一旦出現必是重點，且能駭人心魂，從《伊底帕斯》到馬奎斯《百年孤寂》、電影《烈火情人》、《玻璃玫瑰》，它皆能引發恐懼與哀憐之悲劇美感；然「戀母弒父」情節出在中國作品就有違和感，就算出現在日、韓、印……都會怪怪的，西方倫理以愛情為軸；東方倫理多以親子為軸，如說有什麼情結，也只能是「戀子弒子」，君不見那些帶著兒女一起死的家庭悲劇，或者一點也不浪漫的《孔雀東南飛》、《梁山伯與祝英臺》。

亂倫主題也許也不是《易經》、《雷峰塔》的致命傷，而是作者自我毀容與至親毀容作得過火，照理說，自剖文學越真實深刻越好，與《易經》同時代的《麥田捕手》、《北回歸線》之悖德書寫已成為經典，為什麼難以接受張愛玲之悖德書寫？

只能說她過於執著這些輕易碰不得的題材，而再也看不見其他。多麼懷念《流言》中那充滿生活情趣、觸手成春的才女，那時的她熱愛生活、想必也熱愛情人、母親、姑姑……；他們是她創作的靈感，然在三十歲之後一切變樣了。

重點在母女的絕裂的時刻，對她來說剪斷臍帶就沒事了，事實上這件事一直沒過去，愛得深也恨得深，如果絕裂時間點在一九四八母親最後一次回國，事實上一九三九年她已有此念頭，主要是母親賭掉她好不易得到的獎學金，與其說是為錢，不如說是「幻滅」，這個母親雖然不及格，卻是她心目中的女神，女神崩毀與幻滅，於她是世界崩毀與幻滅，之後她還錢了斷，一九五八年母親過世前要求見她一面，她沒去，又是寄錢了事。這些行為看來還是青少年的叛逆之舉。

就是這樣的從未成熟，也不懂人情世故的老少女讓人心疼，我每讀《私語張愛玲》必流淚，那個錦心繡口，金川玉川來相會，柔情似水的「流言女子」更是張愛玲阿。

在心靈上，她從未離開中國，作品的場景還是在上海或香港，她所居住的東岸小城、西岸舊金山、洛杉磯皆不在其中，蓋因賴雅倒下後，她已過著半幽居的生活，最後完全隱匿，美國生活對她來說是扁平而無真正的人際關係，這時她把她對人際關係的渴求，透過回憶與他們神交（主要是宋淇與鄺文美），或是鑽研古典小說或是書寫自傳營造她自己的人際關係，她對社交的渴望全在裡面了，有擁擠的人際關係與人心猜度，這些對她說更是心靈寄託，她沒有任何宗教信仰，愜意的人際關係就是她的追求，正如她自己說的：

李叔同（弘一法師）與康韋與香港教授與釋迦等皆一例，動人的美男子，愜意的人際關係得來太易……過量……厭世與出世思想。正如富人之厭倦。如我，則如一個要為生活最低需求而工作的人，能獲得愜意的人際關係，就像啟示與奇蹟。當中更富深意。

要求如此低，說敗德實在太嚴重，相反的，張是個超我強烈到神經過敏的作家，自我省察過度，言語表達太少心裡的焦慮，隨著時間越久，也越不安，只有化為文字表達，看了《小團圓》、《易經》，大約知道她傳奇時代小說主角的原型是誰，對後人解析小說是有幫助的，她只寫自己熟悉的題材，她所來自的大家族比曹雪芹更龐大更複雜更黑暗，可說是新舊時期現代中國的縮影，當西方文化橫掃過積弱不振的中國，革命並沒有改變人性，只有往更黑之處沉淪。新與舊，東與西，性與愛，一妻與多妻，善與惡，好與壞，黑與白，失去分際，這也是個倫理失序的年代，父不父，子不子，母不母，女不女，由個人書寫通往大的面向。

她的恥感太深了，年幼時會為伯夷、叔齊不食周粟而哭，

張談的是一種空間的私人性道德感覺與意象，跟五四文學談空間的象徵秩序或平等正義不同，像是考古學家初見遠古時期的洞穴壁畫，那般的震撼，洞裡頭有蝙蝠，洞口有迷途的小鹿，洞的底處還有一處女之泉，在一個封閉私人情慾，且道德與時空背景皆不明的空間裡頭，彷彿通往人類所有感覺源頭的鍊結突然地被打開，一種羞恥感油然產生。

這些恥感與道德的兩難，是張愛玲面對的考題，也是她丟給讀者的考題，終其一生她都在尋求答案，而沒有答案，就像一場永無止盡的考試。

歷史與藝術的終結

時間停在一九六四年，當亞瑟．丹托在紐約的 Stable Gallery 看到了普普藝術家安迪．沃荷（Andy Warhol）展出的 Brillo Box，一堆完全依照市面上 Brillo 牌洗衣粉盒所製造的藝術品。此畫面使得丹托開始了一系列有關藝術本體的思考。他想：為何沃荷的 Brillo 洗衣粉盒是藝術品，而它所模仿的對象，那些堆放在超級市場，與它一模一樣的 Brillo 洗衣粉盒就不是藝術品？

這裡牽涉模仿與複製是否為藝術，如果一堆視覺上難以與超市洗衣粉盒作區分的箱子也可以是藝術品的話，那麼藝術似乎正面對了本身歷史之結束。它代表著藝術可以不再是原創的、獨特的、心靈與情感直接表現的作品。藝術至此已脫離了其歷史的束縛，而爭取到了絕對的自由，以至於現在什麼東西都可以是藝術。

這段結束的歷史，依丹托的看法，是由美國藝評家葛林伯格（Clement Greenberg）所代表的現代主義。但在要理解為何現代主義是已結束的歷史之前，我們有必要先了解何謂現代主義？

寫實主義之後是現代主義，現代主義以後是什麼呢？有人說是後現代，有人說是多元主義或折衷主義，近代美學的問題是寫實主義很長壽，到現在仍氣喘吁吁，現代主義很短命，從一戰前後到一九六〇年代氣數已盡，如果把一九六二年視為抽象表現主義結束之年——一九六二年，為什麼是那年？我才七歲現代主義已死，歷史與藝術也終結，那一年我在學畫畫，師從的是印象派捕捉風景與光影，我畫了市場中躺在地上的鯊魚，得了不知什麼獎的銀牌，在農會大廳中展示，我對藝術的追求才剛開始，怎麼它就死了？

黑格爾早在一八一七年提出「藝術終結論」，西方藝術史可分為三波：一、古典時期——自然美（一八五〇年以前），為第一波。二、現代主義藝術——形式美（一八五〇年以庫爾貝為代表的寫實主義，至一九六〇的抽象表現主義），為第二波。三、當代藝術——哲學（一九七〇年稱的「後現代藝術」，即今之「觀念藝術」），為第三波。

亞瑟．丹托在《在藝術終結之後——當代藝術與歷史藩籬》一書中，把一九六二年視為抽象表現結束之年，自此以後是大拼盤上菜：色域繪畫、硬邊抽象、法國新寫實主義、普普、歐普、極簡主義、貧窮藝術、新雕塑、觀念藝術……，七〇年更慘，可以說是沒有方向、沒有特色的十年；八〇年出現新表現主義，但它簡直是夢幻泡影，九〇年之後出現的影像與拼貼等大型裝置，展品是越做越大，感動人的力量卻越來越小。畫畫本身已撐不起主場，它像是影像與裝置藝術的副產品或配角，偶有佳作，特色就是大。

這讓我想到文學中的文字，在作品中也像是影像與裝置藝術的副產品，令人想把它越搞越大，越大越像夢幻泡影。它們並不是不好，而是變了。

時間回到葛林伯格在一九六〇年所發表的〈現代主義繪畫〉，他以康德這位「對批判工具加以批判的哲學家」，來突顯出現代主義「運用某學科的獨特方式來批判該學科本身」的精神，因此繪畫的主題就是繪畫本身，創作回到創作自身，在此邏輯發展之下，繪畫將臻於純粹，它呈現屬於其本質的因子，以發掘其自身的哲學本質，對於葛林伯格而言，現代主義藝術就是試圖透過自身來為藝術提供哲學定義的產物。他對於現代主義的敘述，是依循最典型的藝術大敘述，繼承瓦薩利具有進步發展內涵的歷史敘述系統，並將敘述結構提升到藝術本質定義的層次。他提出當繪畫不斷朝向純粹性發展，最終將成為整面塗滿的平面創作，幾乎和一面牆沒有兩樣，至此，繪畫與牆壁再也無法清楚區隔，繪畫在藝術家的本質定義進展下走向了自己的終點。

在一九八〇年代左右，德國藝術史學家漢斯．貝爾丁（Hans Belting）和美國哲學家兼藝評家亞瑟．丹托（Arthur Danto）就在不知對方著作的情況下，幾乎同時宣稱藝術歷史之終結，如果貝爾丁以當代藝術發展作為宣布傳統藝術史學方法之終結的話，對於丹托而言，當代藝術不但沒有造成哲學的任何終結，它反倒是藝術哲學化的開始。葛林伯格所說的歷史是西方「藝術大敘述」，丹托指向非西方的「小敘述並存」，讓藝術不再屬於歷史，也屬於它自身。

後歷史時代的藝術造成全面性之解放，這可說是藝術的第三波；跟隨而來的是詮釋理論的百家爭鳴與手法媒材之千變萬換：結構、解構、女性、後現代、後殖民，各式各樣的「主義」輪替地上場；它召喚著攝影、錄影、數位、裝置、身體，各型各類的素材互補地大拼盤時代來臨。可以說，藝術的第三波是多元開放的。

「後歷史時代」的藝術不再遵循「媒材之純粹性」。藝術不再是純粹的繪畫或雕塑，藝術的主題可以不再是藝術自己；它可以使用並混合任何的材質，來表現任何的主題。在去中心化與去西方的後歷史，天地更為廣闊，重點也轉移，以前以西方為中心的藝術與歷史退場，新歷史，非西方藝術、臺灣藝術終於取得了發言權，不再是西方現代主義的藝術殖民地。

當代藝術是屬於哲學和宗教的觀念藝術，擺脫歷史（藝術史）的羈絆尋求創作藝術不同方式的自由。文學創作是否該擺脫寫實與抒情的二元對立，走向細微靈魂與文學自身的追求？跟哲學宗教作些神交，找回失去的靈光。

沉默之美

當代的資訊爆炸與藝術文學危機，勢必造成大量的隱蔽者與失語者，自從結構主義與語言學研究發達之後，語言文字如失根的蘭花，已然脫離母土，漂流於語言大海。我們為什麼越來越沉默，或者越來越被迫保持沉默？

喬治．斯坦納（George Steiner, 1929-），美國文藝批評大師與翻譯理論家，他研究語言、文學與社會之間的關係及「二戰」大屠殺的後遺症。作品有《語言與沉默》《悲劇之死》《巴別塔之後》等。

斯坦納認為，當苦難的現實過於沉重，語言變輕了，要經過不斷洗滌才能顯露出真實的面容，這是語言的無能處，然而苦難的經驗和洗禮在語詞的歡愉中終會被接納，這不是很矛盾？說明寫作倫理的難處——有感染力的文字總是掩飾不住自身的愉悅，哪怕它指向著確鑿無疑的苦難。也就是說歡愉的文字竟是通向苦難之境？或者苦難被作者歡愉地訴說？

我也寫過許多告白，訴說的不完全是苦難，執筆不能用歡愉概括，言說被稱為是歡愉的只在某一層面，當靈感發動，心靈開啟，在自動又被動的書寫中，意義被完全陳述的那一刻是振奮，而非歡愉，苦難只能被廓清並賦予意義，但無法被消除，它只是被文字存放冰凍，而讓作者不想再碰觸，於他是語言的完結與死亡。這真的不是歡愉所能訴說。

當代有許多告白與懺錄，如果苦難是難以言說的，那麼為什麼被說得這麼多？世紀初張潔的《無字》以百萬言訴說自己情路坎坷的一生，其中牽涉自己與前夫、現任妻子糾纏不清的三角關係與諸多隱私，因當事人都是名人而引起譁然，文筆自然是好的，只是需要百萬言嗎？然她沒經過訴說的過程無法賦予意義，存放冰凍這一切。

過多語言是否已然造成當代的災難？斯坦納特別注意詩人語言的盡頭，指向詩人無法、不能言說之處，在那裡語言被刻意推向極限，詩意的說法則是「強光開始照亮」，而更可能的事實是「當詩人越來越接近神靈所在，轉化成言語的任務也變得越來越艱難」，當語言的光亮逐漸黯淡，最後是把語言燒成灰燼。斯坦納以大詩人荷爾德林和蘭波為例，探討了兩位「各自語言中第一流的詩人」人生中半途輟筆之謎，兩位詩人都把書寫語言帶到句法和認知可能性的極致。然而斯坦納以為，兩位詩人最終拋棄語言，選擇沉默則更加耐人尋味。他指出：「重估沉默是現代精神裡最有原創性的代表性行為。」「二十世紀政治上的非人道，加上隨之而來的技術化大社會中腐蝕歐洲資產階級價值的一些因素，可能已經傷害了語言。」面對語言的災難，作家大概只有兩條道可走，一是直面語言的危機，傳遞交流活動本身的不穩定性和脆弱；另一選擇則只能是自殺性修辭——沉默。「當城市中的語言充滿了野蠻和謊言，再沒有什麼比放棄寫成的詩歌更有力。」

當代人真的很愛說，且沉浸在言說的歡愉中，但也有人選擇沉默和自我噤聲，詩人保羅．策蘭（Paul Celan, 1920-1970）是出生於羅馬尼亞的猶太人，受德文教育，是戰後具代表性的德語詩人。雙親死於納粹集中營，他是個劫後餘生的倖存者，因此背負著難以療癒的心理創傷。成為法國公民之後，這些創傷還是時時發作，他的創作充滿死亡氣息，一九七〇年四月二十日，策蘭從巴黎塞納河橋上投河自盡。

五月一日，一個釣魚的人在塞納河下游七英里處發現了他的屍體。策蘭以這樣一種非常沉重的方式，回答和了結了歷史浩劫帶給個體生命的重負。最後留在他書桌上的，是一本打開的荷爾德林的傳記。他在其中一段畫線：「有時這天才走向黑暗，沉入他的心的苦井中，」餘下的一句並未畫線：「但最主要的是，他的啟示之星奇異地閃光。」

原來靈感的閃光並不能拯救創作者，反而是創作會引發另一種幻滅感。

重點是語言太輕也太廉價，策蘭認為，在死亡的大屠殺之後，再用那一套「詩意」的語言，不僅過於廉價，也幾乎是等於給屠夫的利斧繫上緞帶。因此，他要求一種更冷峻的、更事實、更「灰色」的語言，「它不美化也不促成『詩意』；它命名，它確認，它試圖測度被給予的和可能的領域」。他從慣常的「美」的、「人類的」事物轉開，而從「無機物」語言、死物的語言、遺骸的語言、植物學、地質學、天文學、昆蟲學的冷僻語言中去尋找和發掘。這些富於「物質性」的語言跟流亡與離散書寫美學密切相關，他的一些後期詩，初看上去就只是一堆破碎的「礦物碎片」，或一群怪異的幽靈般的詞語。因此，策蘭被稱為「二十世紀最複雜、深奧的詩人」，他的創作不僅是創作，而是對語言的質疑與再造：

死亡賦格（Death Fugue）

我們在日落時喝早晨的黑奶
我們在正午和早上喝它，在深夜喝它
我們一再喝它
我們在微風中掘墓　躺在那裡不擁擠
一個男子住在屋裡　他玩蛇　寫信
他在夜晚降臨時寫信給德國　你金髮的瑪格麗特
他寫信　他走出戶外　星星閃爍　他吹哨喚他的狼犬出去
他吹哨喚他的猶太人出去　在地上掘一道墓穴

他命令我們奏音樂跳舞

早晨的黑奶　我們在夜晚喝你
我們在早晨正午喝你　我們在日落時喝你
我們一再喝你
一個男子住在屋裡　他玩蛇　他寫信
他在夜晚降臨時寫信給德國　你金髮的瑪格麗特
你灰髮的書拉密特　我們在微風中挖一道墓穴　躺在那裡不擁擠

他叫喊將墓往地裡挖得深些　你們這群或其他人現在唱歌並演奏
他拿起繫在皮帶上的鐵器　他揮舞　他湛藍的眼睛
你們這些人把鍬戳得更深些　你們其他人演奏並跳舞

早晨的黑奶　我們在夜晚喝你
我們在正午和早上喝你，在日落時喝你
我們一再喝你

一個男子住在屋裡　你金髮的瑪格麗特
你灰髮的書拉密特　他玩蛇

他叫喊將死亡演奏得甜蜜些　死亡是來自德國的主人
他叫喊將琴絃演奏得暗沉些　像輕煙　你將升上天空
然後你在雲端有一道墓穴　躺在那裡不擁擠

早晨的黑奶　我們在深夜喝你
我們在正午喝你　死亡是來自德國的主人
我們在日落時喝你　在早上一再地喝你
死亡是來自德國主人　他眼睛湛藍
他用鉛彈擊中你　他目標精準
一個男子住在屋裡　你金髮的瑪格麗特
他驅使他的狼犬撲向我們　他允許我們一道在空中的墓穴
他玩蛇　做白日夢　死亡是來自德國的主人

你金髮的瑪格麗特
你灰髮的書拉密特

策蘭藉〈死亡賦格〉，在似乎已被德意志同化的他，開始回歸他的猶太民族。詩人希望擺脫罪惡感，希望在事實與虛擬間將自己和猶太民族聯繫起來。

佩索亞在文學上以「創造」性格聞名，我們稱這種寫作手法為「異名」（heteronymy）。各個「異名者」（heteronyms）有著不同的閱歷、性格與人生哲學。異名者與作者「自我」之間常常互通書信，交流思想。在眾多角色中，以「自我」加上另外三個「異名者」最為成熟及最廣為人知。三個「異名者」分別是 Álvaro de Campos、Ricardo Reis 和 Alberto Caeiro。在他們當中，「自我」通常都是最能夠帶出真理、存在及個性等深層哲學意義的角色。《隱者》：

> 我是一個走在他們中間的陌生人，沒有人注意我。我像一個生活在他們中間的間諜，沒有人、甚至我自己也從不生疑。每一個人都把我當成親戚，沒有人知道我生下來時已經被調換。於是，我很像、也頗為不像其他的人，是所有人的兄弟，但從來不是任何家庭的一員。

我來自奇妙的土地，來自比生活要漂亮得多的風景，但是，我從來對那片土地守口如瓶，除了對自己說一說，除了在風景全無蹤影的夢裡對虛空相訴。在木質的地板上，在人行道的石磚上，我的腳步激發出恰如自身的迴響，然而在靠近心頭之處，似乎仍然跳動著一個陌生人虛幻貴族的脈搏，總是那麼遠遠地離開被放逐的身體。

沒有人認出同形面具下面的我，也沒有人曾經猜出那是一個面具，因為沒有人知道這個世界上還有面具的玩家存在。沒有人想像得出永遠會有我的另外一面，還有真正的我。他們對我的身分一直深信不疑。

另外博胡米爾·赫拉巴爾被米蘭·昆德拉譽為我們這個時代最了不起的作家，他生於一九一四年，卒於一九九七年，八十多年的歲月，他大半過著隱居的生活。四十九歲才出第一本小說，擁有法學博士的學位，先後從事過倉庫管理員、鐵路工人、列車調度員、廢紙收購站打包工等十多種不同的工作，這種對照具有強烈的悲劇感與諷刺性，自然形成文風。豐富的工作經驗為他的小說創作累積了豐富的素材，加上長期生活在底層勞動階層中，他的小說充滿了濃厚的「土味」，也就是本土氣息，可說是最有捷克味的捷克作家。其中《中魔的人們》是他最具代表性的短篇小說集，集中描寫「中魔」這主題，充滿實驗精神寫出了一系列從形式和內容都反傳統的作品。

他一生大多描寫被拋棄在「時代垃圾堆上的人」。他對這些人既同情又愛憐，認同他們的生活，以文字發掘他們難以傳達的美，創造出一群平凡又奇特的人物形象，小說充滿本土風味。《過於喧囂的孤獨》，赫拉巴爾的最後一部作品，他曾說過「我之所以活著，就為了寫這本書」：

……三十五年了，我置身在廢紙堆中，這是我的 love story。

……我成了一只盛滿活水和死水的罈子，稍微側一側，許多不錯的想法便會流淌出來。

……天道不仁慈，但也許有什麼東西比這天道更為可貴，那就是同情和愛，對此我已經忘記了，忘記了。

……成批成批的新書直接送去紙漿廠，沒有一頁弄髒過人的眼睛、大腦和心靈。

……是的，你好好找一找。我說找一找，可是找什麼呢？他完全不知所措了……找另外一種幸福……他輕聲耳語。

書成垃圾，文字成詛咒，在這文字快速貶值的時代，書寫造成負擔，有多少人願扛起這沉重的擔子？書寫勢必越來越輕，反書寫的人越來越多，當書寫者保持沉默時，像垃圾般的作品會越來越多。

因為人永遠不甘寂寞，永遠不肯停止訴說，文學只會改變形式，但不會停止。

虛擬世界與宅美學

電腦的出現幾乎與電視同步，從一個螢幕開始，現在連名片大小的螢幕皆可一指知世界，這新的媒介在短短數十年間改變書寫、創作與美感，當修圖軟體與合成影像越來越發達之時，幻影比現實更完美，我們的視覺與美感是否會改變？

網際網路的歷史雖只有二十年，從E世代到宅世代，他們已多了一個腦，電腦。

電腦的特色是沒有界限沒有深度的扁平世界，說它是二次元倒不如說是異次元，他們自創語言（火星文），以社群取代族群、以虛擬的遊戲世界取代真實生活，那裡也有生活，種菜、賣東西、組成家庭、打仗、賺錢……，從此世界到彼世界，又從彼世界到此世界，一般人以為他們只在虛擬中集結，但從二〇一四年的三一八太陽花運動到雨傘革命，以及柯P當選臺北市長，讓人意識到「婉君」的力量，足可翻天覆地。

早期的網民具有羅賓漢精神，他們有時是盜取資料的駭客，有時是義務的「打手」，他們提出的新價值是免費與分享，然免費在現實的結果是使一切歸零，一切皆不想買，錙銖必較，要拔他們一毛可難了。

近期的鄉民看似帶有純樸風，早些是嫩呆的鄉民，現在轉變為毒舌的酸民。E世代的惡搞、尖酸刻薄顯現出的幽默感特別突梯好笑，參觀國美館的版畫雙年展，看到一個惡搞好手，他把AV女優塞進遊戲機中，美麗的女體與變形的女體並列。

虛擬美學

有些人整理出六個元素，作為虛擬系統設計的條件與特徵：

一、介面（Interface）

二、內容（Content）

三、互動（Interactivity）

四、速度（Speed）

五、簡化（Simplicity）

六、鮮明（Clarity）

這其中互動與鮮明最為重要，介面的不同混淆界限而產生偽／真的效應，互動產生回饋需求，我們可把清晰解釋成快閃印象，這些都成為當代美學的重點。無論追求美之美或醜之美，在二十一世紀初，美似乎又產生變化，社群網站、八卦雜誌與連續劇中的渣男越來越多，比賤還講賤格，腐女也愛美男，我們分別來討論迷／萌、偽／真、扁平／介面、清晰／快閃印象、互動／回饋來說明，他們是連動的關係，必須以結合詞來討論。

迷／萌：

網路激發新的迷狂，形成一種迷文化（fandom），迷（fan）是指：「專注且投入地著迷於特定的明星、名流、電影、電視節目、流行樂團、運動健將：對於著迷的對象，可以說出一大串就算是枝節細微的資訊，也都能說得頭頭是道，而對於自己喜愛的對白、歌詞，片段更是朗朗上口，引用無礙。」英文的 fan，源自拉丁文的 fanaticus，意為「瘋狂但非凡的啟示」。他們因為著迷於醉心的人物或事物而產生妄想，因而出現極端或反常的行為；或者因過度崇拜，在家中為偶像建立神龕；或者成為偶像的跟蹤者；有人成為模仿者；迷不稀奇，稀奇的是迷成集體，形成迷文化，以某種迷為身分標誌或認同，我有許多學生迷成病，有一個中年宅男迷宮澤理惠迷到抱著她的照片哭；另有一個小宅男迷動畫，迷到只能愛二次元的人，真人於他沒感覺。

依據迷文化作者馬特的說法，偶像崇拜者的產生是：在認同一位名人的過程中，迷往往流露出一連串的幻想與渴望，並且透過投射性認同，將個人的希望與夢想轉移至該名人。在此作為中，迷確實地感受到其自我所渴望之特質。由他人所保有，即該名人。以精神分析術語來說，此乃一種分裂機轉（splitting）：將自我所渴望或者好的部分，放置於他人身上，以保護此想像的優良部分，避免受到來自我中具破壞性或壞的部分之侵擾。因此，迷本質上便存在著一種特異的暴力形態……迷與名人之間的關係，因內含力而顯得混亂且棘手。

馬特對貓王之死的解釋：「貓王逝世時，此事件像是一個在每個人的腦海裡，心裡默默響起的爆炸，在一陣爆炸之後，產生了許多不同的區塊，慢慢地移動、成形，接著隨著時間的消逝，一次又一次地變化原貌。我想沒有人會預料到貓王逝世之後，竟然開啟了他的第二個生命，其生命無所不在，充滿嬉戲的性質，倔強乖僻，令人驚恐又令人覺得有趣；一個偉大人物與平凡子民的對話，有時候，又是縈繞不去的幽靈與其歌迷之間的對話。」

同樣的，萌本來是指「草木初生之芽」等義，但是後來日本御宅族和其他的動漫喜好者用這個詞來形容「極端喜好的事物」，不論是對女性、男性甚至非生物（通常以二次元為主）。因此「萌」（萌え）現在也可以用來形容可愛的女生和男生等。

如今，這個用法已進入大眾語彙，連新聞標題也常用。一般人經常把這個詞用做動詞、形容詞等各種的詞性，例：「很萌」、「耍萌」（形容詞）、「被萌到」（動詞）……等。

萌在日本原來是御宅族用來形容對自己喜歡的角色（大多為女性）所產生的一種熱

血上湧的精神狀態，可以被理解為「個人因著人物的某些特徵而萌生起像燃燒般的共鳴感覺」。

萌文化約在二〇〇三年，以日本東京秋葉原為中心地開始流行開來。秋葉原早先以電器街聞名，自一九九〇年代末開始變成御宅族電玩動漫商品的大本營，也成為萌文化的集中地。

如同其他對美醜的判斷，萌的定義不是人人相同。萌是主觀而非客觀的。

萌為一種精神物質，正確說法是指腦扭曲物質（Material of Encephalitis，簡稱MOE），一種因某種心理因素而興奮的程度，其計量單位稱為「萌度」，通常指可愛及性感。

迷與萌的文化導致追求青春可愛變態之美，以及對相反物年老霸道正常之反感，在PTT上還有對女人、老人、老女人的排斥，稱他們為「馬路三寶」，這群正太與羅莉真是中二白目極點。宅美學可討論以下幾點：

偽／真：

偽娘、偽報導……，這些以假為真，或真假不分的現象在網路世界很普遍，也漸漸滲透到真實生活中。所謂「假作真時真亦假」，變裝與 cosplay 變成流行的一部分，真與偽的界線變得越來越薄弱。

在路上或咖啡館裡頭，臉上畫濃裝的偽娘穿著西裝神情自若地端盤子，在女僕餐廳，女服務生穿著女僕裝用童音為你服務，為了增添情趣，扮演各種角色以取悅對方，在舞臺上性別自由穿梭，在小說中，性別穿梭早在明清小說就很盛行。

緯來綜合臺的節目「我的馬吉情人」，利用 cosplay 作為節目效果。有 cosplay 同好參加李明依的《天天啃蘋果》節目。華視播出《至尊玻璃鞋》偶像劇，劇中有 cosplay 精神。

Cosplay 觀念和規則開始受到挑戰。例如成衣蘿莉與成衣視覺的討論、自創角色與半自創角色的討論。巴哈姆特電玩資訊站版友的熱烈討論偶像化問題。龐克（punk）服裝服飾文化與蘿莉塔（lolita）服裝服飾文化的爭論。守舊派一辭出現，新派與舊派的觀念爭執持續進行。臺灣論壇、巴哈姆特電玩資訊站與蒼穹社群發表聯合聲明，針對 cosplay 行為作規範。

扁平／介面：

當宅男宅女們沉迷於二次元的世界，一般人覺得那只是青少年次文化，當《冰雪奇緣》造成旋風時，我在戲院中亦激動莫名，扁平藝術真的不可小覷，扁平藝術與庶民生活有關，它具有民俗的意義，如浮世繪或洪通的繪畫，把此藝術再發揚光大的村上隆 Takashi Murakami，它是日本當代「超扁平」藝術代言人，所謂「超扁平」（superflat），指的是沒有三度空間透視法的繪畫方式，也是指上等和下等文化共用的中間地帶。

「Superflat」（超扁平）——表面是誇張可愛的漫畫式形象，底下又深藏憂鬱，同時還嘲諷了膚淺的大眾文化，帶著歡樂且些許的反省而不到批判，它說明我們生活在扁平且缺乏深度時代，村上隆是從青少年族群所主導的次文化觀點觀看現代，故而說：「現代日本社會流行的共同點就是『幼稚』和『可愛』。」

當超扁平藝術與名牌包結合其威力更是無窮，我無法忘記二〇〇六年村上隆與LV合作推出的櫻花包與眼睛包，引起空前的搶購潮，因數量少，網路價格一直往上飆，它的圖片在網路上流傳，無數的女人不管有沒有錢都想搶到一只，很多人因此被騙。那也是我瘋名牌包與網拍的時期，記得在正櫃買到一只村上隆的珠寶盒，價格約是我一個月收入，包到貨時，我坐在LV的招待區，所有的櫃員都跑來圍觀，因為他們也沒見過。這個包固然好看但不實用，不久就讓給別人。

可愛的扁平圖案是它的特色，也是迷人之處，但當它大量充斥，眼球容易疲勞。扁平藝術的記憶點高，但失憶點也高，它很容易被取代。

譬如手機訊息貼圖，它的流行更廣，又要付費才能使用，使用期不長，因為大家的心裡一致都不想用被廣泛使用的，而且很快它就變成免費的，喜歡買貼圖的大概是那些社交廣、不太使用文字的或者使用文字但又要有特殊的貼圖。有人說使用貼圖越多性活動越強，害我不敢使用過多，以一兩個為限，我不買貼圖，因為還在發展初期，漂亮的不多。

清晰／快閃印象：

好的網頁要一眼能抓住我們的眼光，讓我們快速掌握重點，以瀏覽率最高的新聞網與拍賣網為例，圖片很突出，文字簡短有力，最好不要咬文嚼字，上網的人同時開幾個頁面，左右逢源，哪個吸引他就跟，一旦不跟就跟死了一樣。所以無論多大的事件，很容易高漲也很容易消退。所有的畫面都是快閃的，記憶也是快閃的。在虛擬世界，沒有永恆，也沒有回報，網民很容易付出，因為他們慣於付出，網拍要付出，訂房訂票都要付出，打電玩要付出，他們也會付出關懷與時間、金錢，只為那件事引起他注意。因為習慣在網上付出，他們在現實中手越來越緊，錢越來越少流動，在網路慷慨得像個神，在現實窮得像鬼，然長期的付出而無回報，所以他們的空虛感更甚，被剝奪感也很強烈，這使得他們容易暴走。

互動／回饋：

還好頻繁的互動能帶來精神的回饋，互動而無肉體接觸，這保持了距離，又能抒發情感，你看互動的語詞都是強烈的，飆淚、狂哭……再來是造新詞加上表情符號，熱衷於互動的人，二十四小時手機或電腦都開著，它能帶來一定的滿足。在動畫中也出現互動影像，互動使雙向或多向溝通變得更明確。在你設定的社團或群組，你們可在不同地方共同討論一件事，這使許多聚會變得不再需要；而視訊更進一步可達到面對面進行溝通的效果，在虛擬世界中你發揮了強大的溝通力，讓許多人在現實中變得不太講話或不會講話。造成不是臉友沒話講，沒加 Line 還不算朋友的現象。這影響到人際關係與教育、傳播甚鉅，如何可以開始套交情講話先從臉書開始，有網上聊過天才算臉友，私訊常聊算朋友，長期私訊才約見面，見面會聊心事算好友，人變得越來越慢熟，所謂一見如故的事已成奇蹟。父母師長當然很少會被加入臉友，加了臉友也不會較熟；因此如何在課堂中讓學生聽老師講話？如果不是還有考試與升學捆綁，他們還會想上課嗎？他們在課堂上滑手機，寧可相信 google 大神說的，然後挑老師說錯的地方，這種教育如何翻轉？就新聞媒體來說，一個持續追蹤調查新聞事件的人比記者知道的來得更多，而這樣的搜索狂越來越多，媒體的權威性與即時性當然不及這些擅於傳播與分享的「推客」，許多價值隨之改變，思維趕不及的人很快被淘汰。在這種狀況下，資訊更新與焦慮狂越來越多。

對於創作者來說，經營臉書或部落格、粉絲團是多少要做的事，在互動的關係中，沒有國籍、性別、尊卑、上下之分，那不願互動或經營網路平臺的將被宅男宅女們遺忘，但網路的交情比浮萍聚散還脆弱，完全不用網路的創作者也大有人在，好作品手寫的應該也有，傳統手工藝者變成滑手機工作者，數位元微時代，文字工作者完全是弱勢啊！

輯五
美的生活

不是每人都是藝術家，有些人的生命就像藝術品，尤其是奇人異士，他們或者名不見經傳，但他們的一生如有神祝福，耐人尋味；如果藝術家創作藝術，也將他們的生命變成藝術品，那更難得。

當美進入生活

講到美與生活，大家又會回到生活的藝術與藝術的生活上，我覺得講到空了。美絕對不是空的，這可分兩個層次來談，一是創作者的生活與藝術，一是所有人都能創造的生活藝術。有些創作者創造豐富且精采的作品，他的一生卻是單調且無趣的；有些創作者創造豐富且精采的作品，他們的一生也充滿傳奇與戲劇性，就我同時書寫的兩個作家，龍瑛宗屬於前者，張愛玲屬於後者，這不完全是作家的選擇，是他們的個性與際遇不同使然。有些人創作藝術品，有些人創作生命，我覺得能創作藝術品固然好，但不是每人都是藝術家，有些人的生命就像藝術品，尤其是奇人異士，他們或者名不見經傳，但他們的一生如有神祝福，耐人尋味：如果藝術家創作藝術，也將他們的生命變成藝術品，那更難得。

我讀過談生活藝術印象較深刻的，是大家都熟知的林語堂與夏丏尊，前者談的是一般人的生活藝術，後者談的是藝術家的生活藝術，林語堂說：

……我曾經說過，中國人對於快樂概念是「溫暖、飽滿、黑暗、甜蜜」——即指吃完一頓豐盛的晚餐上床去睡覺的情景。一個中國詩人也曾說：「腸滿誠好事；餘者皆奢侈。」

……那些有能力的人、聰明的人、有野心的人、傲慢的人，同時，也就是最懦弱而糊塗的人，缺乏幽默家的勇氣、深刻和機巧。他們永遠在處理瑣碎的事情。他們並不知那些心思較曠達的幽默家更能應付偉大的事情。

「幽默曠達」可說是他的生活美學要旨，是既入世又出世的；而夏丏尊描寫的是李叔同他那無分別的出世之美，世間上最難做到的是無分別心，不管在好惡、種族、性別……之上，就像〈信心銘〉說的：「至道無難，唯嫌揀擇。但莫憎愛，洞然明白。毫釐有差，天地懸隔。欲得現前，莫存順逆，違順相爭，是為心病。」人有分別人，就懂得挑選，人有愛憎之差別心，就有痛苦煩惱；人有順逆之差別心，就有種種心病。所以那些無差別心的人最可貴，也最難做到，這種境界不是一般人做得到的：

藝術的生活，原是觀照享樂的生活，在這一點上，藝術和宗教實有同一的歸趨。凡為實利或成見所束縛，不能把日常生活咀嚼玩味的，都是與藝術無緣的人們。真的藝術不限在詩裡，也不限在畫裡，到處都有，隨時可得。能把他捕捉了用文字表現的是詩人，用形及五彩表現的是畫家。不會作詩，不會作畫也不要緊，只要對於日常生活有觀照玩味的能力，無論誰何，都能有權去享受藝術之神的恩寵。否則雖自號為詩人畫家，仍是俗物。

藝術與創作不是生活的一切，每個人都可享受藝術之神賜與的恩典，那些懂得生活之美，或把生活活出美來的，都是生活藝術家。

現在越來越多不願上班，或在家裡上班的人，他們所得少得可憐，卻過著自己想過的生活，其中較神奇的是L，她大學讀商科，找工作並不難，就是喜歡畫畫、打電玩，每天手機滑個不停，打遊戲常拿高分，她的第一份工作是補習班，跟理想差很遠，於是去學插畫與動畫，後來發現插畫很難賺錢，她接些LINE的動畫貼圖，畫一組就兩、三萬，可以生活一個月，沒想到可以靠打電玩、玩手機賺錢，還是她喜歡的畫畫，她在家的工作時間不輸上班族，但自由多了，她喜歡泡茶、烹飪，看電影，現在打整天電動也沒人敢唸了，感覺上跟她慢吞吞的個性很貼，節奏感很對，人只要挑選與自己個性貼合的工作與生活，就能活出美感來；另一個C，四十幾提早退休，學拼布、手工皂之類一般退休的人會做的事，雖然生活忙碌，心還是空的，她從年輕時就愛喝茶，很愛買茶葉與骨董茶具，也認為自己很會喝茶，一直到接觸文人茶，才發現更好玩，這過程全是她喜歡的，從小她學鋼琴、舞蹈，卻沒往舞臺上發展，為了穩定的收入當公務員，喜歡美的事物但不知如何實踐，然而從茶道中跑茶山、焙茶到泡茶、插花、服裝、茶具……等，結合旅遊、美食、茶藝、花藝、服裝設計、表演、裝置藝術，是可以花半生追求不盡，剛好結合她的擅長，又是一樁表演藝術，她能彈琴，有舞者的優雅，又有喝茶的歷史，做這些事讓她感到充實，這裡面還有一個心理學上「完形」的問題。

我們人生通常會有一些缺憾或遺憾，還好我們具有自我修復的能力，榮格說得很好，人的心靈是由影子、面具、生機、曼陀羅構成，人先是充滿缺陷的陰影，因此形成面具性格以彰顯自己，在自卑與自大中，只有生機（阿尼瑪或阿尼瑪斯）能夠讓我們變得真誠與成長，我們找到統一矛盾的力量，然而那不是真正的完整。真的完整是由曼陀羅代表的圓與十字架構成的，那是十字架或涅槃。我們或許終其一生都達不到自我完成的境界，但可追求小境界，就是讓自己的生活或生命更有價值。

這令我想到歐姬芙與陳冠學，他們同樣創造自己的生活，再創造自己的藝術。

畫家歐姬芙有張美麗的臉，一雙美麗的手，美到攝影師丈夫一再拍她，她的全裸照，身材平板，很乾淨而有「骨氣」，她始終認為自己像男人，透過丈夫的眼光，她才發現自己女人的部分。年老全盲時，她用她那雙美手做雕塑，雖然看不見，她的衣服仍然很有型，照片中的她像祭司，男半女半，跨性別不知已到何等境界。

「好像我得了一種病，必須離人遠遠的，病情方能轉好。」她有一種必須遠離的病，除了遠離，獨處讓她覺得更自在。典型的社交恐懼與人群恐慌。

六十歲剛喪夫的歐姬芙穿著淑女套裝，看來很蒼老，回到她的幽靈山莊，此後她只穿黑袍子，臉孔有稜有角，看來已超越性別。

八十歲時她的眼睛看不見了，一個年輕人來到幽靈山莊，拜倒在她的黑袍下。我相信他是真的愛她，在來之前愛她年輕時的美貌，繪畫的才氣，以及孤獨。現在他愛她的超性別，像男又像女，她是父親也是母親，是老師也是情人，沒有性別年齡的愛，像一片自由的海洋，讓他也失去性別。

她畫的巨大的花，有如曼陀羅再現，是個圓形的宇宙，它們既充滿生命力，同時也具有神祕性與永恆性。

她很年輕時就選擇住在沙漠裡，在這裡她覺得更是她自己，第一次她走進幽靈山莊就有似曾相識的感覺，遠處是沙漠特有的紅色山嶺，那是她的聖山，畫過無數遍，這裡沒什麼植物，只有一些仙人掌，那麼她畫的那些花並非完全靠寫生得來，而是意象的表達，過去她是個寫生者，現在她靠心靈之眼看世界，放大的花朵有著流著汁液的花房，有人說是女性的生殖器，我倒覺得是個曼陀羅象徵。她在沙漠住了許多年，她愛那裡的生活，她創造自己的生活，從而創造自己的藝術。

陳冠學，潮州萬隆人，幼年失父，父親死在一起睡的床上，一夜之間變成冰冷的屍體，讓他過早面對死亡，而成為一個愛好沉思冥想者，他有遺傳的心臟病，氣候心情不對就會發作，北部陰冷的天氣讓他痛苦不堪，這讓他放棄更好的工作機會，返回南部，開出版社經營並不順利，其時他還有淑世的念頭，還出來參加選舉，敗選後，想必兩手空空，總總現實的黑暗，讓他選擇回鄉，剛開始還教書，年已四十幾的他還年輕，心臟常發病，他已來到父親往生的年紀，不想再浪費生命，毅然決然回歸萬隆老家。

萬隆為早期臺糖的屏東總廠所在地，一大片的甘蔗林一直連到大武山下，小時候我常騎車到來義玩都會經過萬隆，不成形的村莊稀稀落落的民居，記得路途中連休息處都沒，只有一棵榕樹下開著一家小雜貨店，我們總在這裡歇腳，那大約是六〇年代，一九八〇年冠學先生隱居萬隆，我剛從東海碩士班畢業，馬上進入報社工作，《田園之秋》在前衛出版社出版時，我的第一本散文集《絕美》約在前衛同時出版，那是一九八四年，我也在第一時間閱讀《田園之秋》，頗為震動，它不僅是田園的詩篇，更是發人深省的哲思小品，對文明的抨擊跟老莊與梭羅是一路的，在文學上獨出一路，天然無雕飾。

人活著便要面對這一堆消亡，生命的痛苦讓他不斷苦思冥想，他認為存有是悲情的，宇宙悲而無歸，人生也是悲而無歸，故悲劇悲音最動人，因為它能觸動內在根深的悲情。

人要衝破這悲情只有執著於正向，而不執著於負向：

佛與莊子教人破一切執著，這是錯誤的。有正面的執著，有負面的執著，正面的執著是真實的人生，負面的執著是錯誤的人生。負面的執著該破，正面的執著不該破，破除了正面的執著就不成其為人生。其實人世的病根只在於貪婪與愚蠢。非分與事理不明，這才是人世的病灶。要破只破這兩目，破除了這兩目，人生再無陰翳了，儘管去執著，去執著於對父母兄弟妻子朋友的愛去罷，有能力者民胞物與，儘管去愛你所愛；去愛真理，為真理殉死去罷；去愛戀人，為戀人殉死去吧；去愛你的生地，為生地殉死去罷；去愛你的新筆或舊筆，為了維護它，跟別人打一架去罷；那就是人生，有血有淚的人生。

他選擇的是回到自己的生地，殉死於自己的生地，而那裡有一大片草原，他要與他們一起站立，正直地站立。

因此他盡情讀書、寫作、與貓狗為友，與小女兒天真對話，他的烈性不因隱逸而稍減，依然是有血有淚的過日子。

鄭穗影說：「陳先生他沒有『自己』，卻在『自我』的覺醒與自適之中，無形為社會盡了他的心血，塑造了人生向上的典型。」鄭老師既是先生的知交，他的話語必能說出一般人無法說出之處。先生沒有「自己」，指的是沒有私心，沒有逸樂的原我與現實的自我，只有良知的超我，他隨順超我的良知，選擇閒適的隱逸生活，這樣的思想與行動，不談空話、具體實現他自己，也成就一種積極向上的非凡典範。

我覺得他先是生命的藝術家，他雕刻著他的生命直到天然去雕飾，然後才是生活的藝術家，以自然為美，然後才是文學的記錄者，他的作品並非一般的創造，只為在自己創造的生活紀錄所思所感。

我們大多沒有他們的勇氣，但我們也可將我們的生活過得更有滋味更美些。

你我的美育

如何讓美進入教育？作為一個資深教育者，我常思考這問題，卻是自身難保，我自己真的懂得美嗎？我的生活是否是美的？以我這工作狂的處女座，可能做出相反的示範。我童年的生活壓抑而陰鬱，應該是醜的，但因為周圍的人都愛美，作為鋼琴老師的阿姨，及會跳芭蕾又會種花的姨丈，有設計服裝天分的五姑婆，很懂得生活情趣的小祖母與大姊，愛寫書法的家族。記得年紀很小時就被帶去學書法，老師是我的小學校長，胖胖的戴眼鏡的慈祥老人，教室就在校長室，那通常是假日早上，校園冷清清，校長教我懸腕摹臨顏體，記得是《多寶塔碑》，胖胖的人就愛胖胖的字，記不得學多久，後來看到家人能寫好字的都是天生，我沒有遺傳到那基因，只能作一個愛書法的人。我覺得給予幼童才藝教育要適才適性，像我學過書法、鋼琴、畫畫、珠算、吉他，沒一樣用得上，說起來我應該學的是聲樂，卻沒人發現，在合唱團待的時間最長，也愛聽歌或歌劇，可能條件不夠好，這個才藝沒有發揮一直是我的遺憾。

音樂是很好的陶養，但不能過於功利化，後來兒了五歲學鋼琴，只是要他會一項樂器可以娛樂自己，沒想到他卻跨進流行音樂作專業詞曲人，壓力雖大，看他樂在其中也就罷了！

我倒是天生有收藏癖，從小衣櫃抽屜滿滿的收藏品，二十幾歲收古玉、書畫，三十幾收瓷器與老家具，四十收時尚包與服飾，五十收印石與老茶具，剛開始有點盲目，只為玩得開心，這幾十年都在寫文章，神經繃太緊，因收藏可以到處走走，不失為一項紓壓的休閒活動，都說二十是詩的年代，三十是經濟的年代，四十是哲學的年代，五十是宗教的年代。也許再加上十歲以前是神話的年代，十幾歲是美與力的年代（愛美與叛逆同在），我自己是經濟年代過長，三十到五十都在為生活打拚，三十以前則在神話的渾沌期，看不清自己，經濟年代則是迷失自己，這些都不能稱之為美的生活，創作過程當然是美的，所以可以堅持到現在，但創作後的現實則是不美的，不管成功與失敗都與美無關；以前為愛瘋狂，然愛有時美，大多數時刻不美，最美的愛情是糾結不清的時刻，純愛最美，但在兩小時的電影，或三十集電視劇就演完了，而人生是如此漫長而枯躁，善於自處似乎更為重要。過了五十，倒過來過詩的年代與哲學的年代，寫一點詩，一點小說，學會放掉自我，過一種更為純粹的生活。

人生的完整是很難追求的，親情愛情融洽、人氣十足、家庭完整、婚姻美滿、事業發達、身體健康……，這其中我沒一項完整，所以早已放棄追尋，只能珍惜僅有的福分，姊妹情感、學生關係還算可以，我所擁有的是寫作上的幸福，心靈上沒太大缺憾，但我總想有較好的人際關係，對我來說是完形的一部分。「全粹之為美」，「全」是無法的了，「粹」還可以追求。更為集中與細膩地追求真正的感悟，與真正的創作，人生的缺憾，也可以如此接近完形。對「全」的解釋也許可以修改為心的完全，藝的完全，那是靠積累而成，所有努力皆不會白費，能力較小的集小成，能力較大者集大成，這也可以說是一種完成、完全。

三十歲時為家庭與工作填滿，我從一個人口眾多的大家庭走入另一人口眾多的大家庭，擁擠的人際關係與我不擅交際的孤僻個性相違，常想逃出去或找地方躲起來。學校一直是我的壓力與恐慌源頭，只有逃進收藏物的世界，戀物的背後是厭人，這樣的生活常在憂懼中，當然不是美的。人應與自然、花草多接觸，至少有個散步或運動的地方，以前在城區生活，自然投進物質的世界，以花錢為樂，我樂意把金錢化為收藏品，讓存摺空空，自以為瀟灑。可人身體漸衰，這些物品如何處置呢？我並不適合住城區，應住郊區或山上。自從搬到山上，物欲頓消，花在園藝與散步、發呆的時間變多，生活單純，思慮更清純。所以我贊成四、五十歲前住城區，之後住郊區或山上。

我最喜歡的時期是五十歲之後，住到東海的林中生活，簡簡單單，孩子已長大有自己的生活，重心完全放在寫作與學生或他人身上，較少想到自己，較常沉思冥想，尤其在學茶之後，回顧自己所做的事都不是無意義的。我的歷史癖與收藏癖，讓我寫了兩本傳記，一本讓人臉熱的收藏書，也因學茶找到出口，我這愛服務人的千金與丫鬟的組合個性，最適合泡茶給人喝了，我想要推廣真正的文人茶，本質茶，復古的茶道，然後在大學催生博物館的設立，或者茶道博物館，然後把所有收藏捐給他們，一個大學怎能沒有博物館或美術館？茶道不能被遺忘，或只作為生意的一種。

過去的我過於孤僻，很會自尋煩惱，要治療過於自我只有忘我，忘掉自己才能擁抱世界，樂於分享則能擁抱朋友。這是經過幾十年的追尋，終於找到較接近美的生活。人生中最美的是無我、無欲、無求，我許過的願望都已實現，但也只到四十歲，果然四十初頭經歷類死亡的經歷，我已死過了，之後就是多出來的，此刻的我已然非我有，每一天都是神的恩典，懷抱著這樣的心，再大的痛苦都能度過。非我的我是什麼呢，是超越的我、無私的我，因無我而更能接近理想，更了解情致，覺察心性而趨於完形。心思越細，更能深入；自我越小，越能自由。

美的生活不是靠課堂上的講授，或收集觀賞藝術品就能達到，美麗的事物只是開端，人皆有愛美之心，如何把這愛美之心導向全粹的道路，是美學教育者應當思考的，「全」是生命的飽滿度，粹是精華與極致度，這些都需要長期積累，真愛美的人每天都要花點時間在使自己與生活更美，如此日積月累終會有集小成或大成之時，美好的藝術皆來自生活，所以也要回歸生活，所以不能實踐的美育是無效的。

談到美育，一七九三年，德國古典文學和古典美學最重要的代表人物之一，約翰·克里斯多夫·弗里德里希·馮·席勒（Johann Christoph Friedrich von Schiller）以書信體寫成的《審美教育書簡》（又譯《美育書簡》）一書，較早地在美學史上提出了系統性的美育理論，被後人稱之為「第一部美育的宣言書」，席勒的「美育」思想概括為三點：美育是克服人性分裂，培養完美人性的教育；美育是提升精神境界，達到精神自由的教育；美育是培養道德人格，建立社會和諧的手段。由此可知，席勒所講的「審美教育」不只是以各種藝術為內容，「審美教育」更有全人教育、精神教育和道德教育的理想。

席勒的美育觀著重道德與精神教育，而無較確切的教養過程，但他講究感性與理性的統一，人有感性衝動與理性衝動，它們常是相互衝突的，如看到美好的事物很想擁有它，這是感性衝動，但客觀條件不允許，讓我們保持冷靜的是理性衝動，然而因此我們常處在分裂中，這時就需要遊戲衝動來調和。「遊戲衝動」是人的一種自由自覺的活動，它既可以克服感性衝動，又可以克服理性衝動，從道德的必要性方面強加給人的限制，使人具有真正完美的人性。席勒在這裡所說的遊戲並不是指現實生活中的遊戲，而是指與強迫相對立的一種自由自覺的活動，是一種審美的遊戲或藝術的遊戲。席勒極力主張通過美育來培養理想的人、完美的人、全面和諧發展的人，這跟我之前所說的「全粹」之道有點類似，簡單來說，鼓勵大家多做創造性的活動，不管是音樂、繪畫、文學、戲劇……都是基本的，在創造力啟動時，人的心靈警醒，而技藝的精進需要長時間的專注，完美是無止盡的追求，久而久之，氣質與品味自然養成。然而當代藝術的窄化卻是美的重要危機，席勒《審美教育書簡》〈第二封信〉中提到：

但是，時代的需要和風尚看來不利於藝術，至少不利於我正在研究的那種藝術。事態的運行給時代的天才一個方向，迫使他越來越遠離理想的藝術。這種理想的藝術必須脫離現實，必須堂堂正正地大膽超越需要；因為藝術是自由的女兒，她只能從精神的必然而不能從物質的最低需要中接受規條。可是，如今是需要支配一切，沉淪的人類都降服於它那強暴的軛下。有用是這個時代崇拜的大偶像，一切力量都要侍奉它，一切才智都要尊崇它。在這粗糙的天秤上，藝術的精神功績沒有分量，藝術失卻了任何鼓舞的力量，在這個時代的喧囂市場上藝術正消失。甚至哲學的研究精神也一點一點地被奪走了想像力。科學（我認為應該是「技術」）的界限越擴張，藝術的界限就越狹窄。

我們如何面對技術擴張，藝術與哲學消失的現象？也許我們需要像蔡元培主張的把美育當宗教。臺灣人具有很強的宗教性，卻無主要的宗教，宗教雖能指導人生，然很難避免形式化，與其教公民不如教哲學，美學是實用的哲學，很適合臺灣講實際的性格，早在新文化運動中，蔡元培就不只一次地提出「以美育代宗教」，強調美育是一種重要的世界觀教育。蔡元培將宗教與美育進行對比，認為宗教具有明顯的局限性：一、美育是自由的，而宗教是強制的；二、美育是進步的，而宗教是保守的；三、美育是普及的，而宗教是有界的。「因此，鑒激刺感情之弊，而專尚陶養感情之術，則莫若捨宗教而易以純粹之美育。」他在一百年前提出的理論是如此先進與驚世駭俗。可見那時的人真的比較懂美，也比較美，民國人物簡直是風流雲集，一點也不輸魏晉，何以故？愛美，懂美。

以美育代宗教的論點並非他發明，早在王國維先生〈去毒篇〉一文便說：「美術者，上流社會之宗教也。」現在，上流階層不堪看，新的階層與新的公民崛起，美學不一定屬於上層階級，而應該隨著教育普及，擴展到每個階層，讓人人都享有美。

美與宗教

把美當宗教或許是個偏激的想法，人可以沒宗教信仰，卻或多或少有宗教性。宗教開闊我們的心靈與想像，同時克制多餘的慾望。然而宗教最美的地方是聖靈、神蹟、自我改進、覺悟、救贖、來世或天堂的概念，與高僧打坐參禪也是美事，但相通之處都在忘我或無我，因為人是軟弱的，需要借力使自己更好，基督教講的上帝是他力，佛教講的佛是自力。如果自力足夠也可趨於完善，古人藉聖人之道，或心性之學，也可接近。

我信仰過基督教、顯教、密教，有上帝的概念真的很美，把自己託付到神的手中，聆聽祂的神喻，聽從祂仰望祂，常常生活在神的注視與光輝之中，那種聖靈之美不可言說，美好的事物皆難以言說；而佛教讓你相信「你就是佛，佛就是你。」一旦生起此心，就要有佛的喜悅佛的圓滿，但要做到真的很難。自力是要不斷精進才會壯大的，通常我們軟弱而貪欲，離佛遠佛。

自力弱小的人就算如何虔誠信教也是沒用的，我常在聖人的語錄或哲學藝術家的作品中，看見神蹟、聖靈、自我改進、覺悟、救贖、來世或天堂，人在專心致志時，物我兩忘，也會進入像神一樣的光中。

長期而持續性地做好一件事，以虔敬的心對待它，這也是一種修行，追求美也是其中一種，而且是更直接的一種。美分為創造的美與解釋的美，如果不能創造美，做一個解釋美的人一樣得到快樂。

我雖然皈依過宗教，從信仰中得到力量，我永遠忘不了在喜馬拉雅山達賴喇嘛的法會與皈依，我從未見過那樣接近完美與理想的人，他如赤子般真誠，熱情、無我，卻不太講究形式，不一定吃素、可以喝酒但不要喝到醉、跟隨上師的教導、更為細密的語言與思維，不要太相信你眼睛看到的，有許多事物是眼睛看不到的……。這樣寬鬆的密法，與更為自由的方便之門，貼近現代的生活。

不一定要吃素在臺灣佛教就行不通，臺灣是最講吃素的地方，吃完全素的叫「乾淨」，吃葷就是殺生，雖然植物不入六道，但像我愛植物的人，覺得植物的生命力一點也不輸動物，吃它就不殺生？而且只吃素就能悟道嗎？先來說吃素的戒律是從不殺生來的，只要不殺生即可。但在喜馬拉雅山，吃素有難度，因為寸草難生，蔬菜不多，只好吃點酥油茶與肉乾，酥油與肉都是葷，但是能要求這麼嚴嗎？八分素兩分葷，我覺得對我剛剛好，不吃活的與直接殺生就好。吃素會降低欲望，我吃過幾個月純素，確實體驗過身體的微妙變化，包括胖了幾公斤。吃素會吃進大量澱粉與油脂，並非適合所有人，尤其是老年人。我倒同意短期吃全素，長期的話吃早午兩頓，因晚上聚會、外食多，方便素或少量魚肉，達賴喇嘛說吃魚的話吃小隻一點的，不要造成麻煩也很重要。過分刻意刁鑽的都不美。

我喜歡抄寫經文，因為它是美的，我喜歡更為細密的語言思維，因為它也是美的，我喜歡打坐，但更喜歡什麼也不做的沉思冥想，宗教有許多美好的事物遠遠超乎我們的想像。但我不是個標準信徒，因我也不排斥俗世的生活，偶爾吃點好的，喝點好的，看電影、旅遊，有時貪嗔癡……，但都比以前短暫，欲望的問題也沒我們想像的困難，以前的我太不尊重自己的身體，如今我視它為聖殿，不願輕易受汙染。再說人隨著年齡欲望越淡，過著簡淡的生活也是隨順自然。

我是不贊成把美或文學當宗教的，因為宗教與美學或文學只有部分重疊，並非完全相同，把美育當宗教是一廂情願的想法，我們只能把美學當作宗教的補充或品格教育的替代品，它教會我們思考與有意識地遵循美的思維，萬事萬物有美的思維，人怎會不好，世界怎會不好？

當我走在慕尼黑大學，兩旁都是文藝復興風格的老建築，它們的顏色都接近蜂蜜的金黃，再過來一點是大到像森林的英國公園，天空是赫曼．赫塞藍，幾百年來這裡的景色沒多大改變，我懷想著當初建造這裡的人，懷有著如何的美的理念，因此形成如此美的建築與大道，淳樸而有博雅的學風，讓走在其中的人不敢做出不雅的事，而顯得彬彬有禮。美的理念比教堂或大學更持久，更能產生美好的人。以前我直覺地不喜德國人，只喜歡他們的哲學家與文學，現在我覺得他們跟中國漢朝人很像，講究實際，又喜歡思考，漢朝人相信陰陽五行，尊崇經典，言行有則但不失豪邁，動靜文武皆宜，蓋的宮室簡樸宏偉，他們愛美吧？很講規矩方圓吧？否則不會有漢賦、古詩十九首、樂府那樣的作品，有司馬相如、司馬遷、李陵那樣的人，也不會寫出「思君令人老」、「絕代有佳人」那樣的句子。

我理想中的美學課，先從美的人物開始，一般人崇拜偶像沒有錯，因為他們是美的人物，但有沒更美的人物？藝術家、文學家、哲學家……多讀傳記，如能親眼一睹更好，我這輩子見過許多美的人物，他們不是相貌美，而是風度美、氣質美，美的人物如清泉，洗去一切俗氣，令人心嚮往之，記得初到東海時，見東海的一對皆從北大畢業的老師與師母，年紀都五、六十了，兩人氣質如仙，一時傾倒；還有趙老師，雖長得奇醜，卻有幾分貝多芬的樣子，另一個老師教康德，長的穿的行事就像康德，另一個在哲學系中教愛彌兒的老師，法國巴黎大學博士，老師是傅科、羅蘭·巴特，專精的卻是孔孟，他能彈一手好鋼琴，看來就像藝術家。作家中我曾羨慕能遨遊四海，無拘無累的，或是隱居山中的綠手指，這些人物也許不求聞達，但他們的形象深植我心中，只要真正見過，就絕不拉低標準；我也喜歡古人，像唐堯、周公、屈原、司馬遷、李白這樣的人令我嚮往，老莊雖好，但難跟隨，我寧取孔子，臺灣文人有的真的很美，它就在我們四周，何必外求呢？

再來是美的藝術與實踐，從古文物、藝術作品到書法、茶道，書法與茶道不可廢，其中有美的實踐，逛博物館美術館，較適合高中以上的學生，能自己先在家作功課，又不喧譁沉得住氣，否則只會吵到別人，高中以下的學生不如帶他們去捕蟲與蝴蝶，或爬山看風景。現在的小孩坐不住，讓他們學書法或泡茶。記得以前國文課作文都是用毛筆寫，又另有書法課，每年的書法比賽是盛事，書法好的成為偶像，他們有的並非模範生，能以此才藝傲人，這才是多元價值；至於茶道只要各自帶一只小陶杯，請會泡茶的老師來示範，佐以簡單的茶食，會彈奏樂器的可以乘機表演，其他人清潔布置茶席，老師在茶席前可先講解器具、茶葉、禮儀與程式，播放茶藝家錄影帶，這些都是在生活上可以實踐的美，孩子不會覺得過於靜態無聊，又有好東西吃，為什麼不做呢？如果覺得麻煩，教美食與烹飪、木工這些實用的技藝，也跟美有關啊！

再來是美的思想，抽象的理論從國中先養成習慣，由淺入深，美學課也是哲學課，人生的問題都可拿來討論，幸福阿流行阿偶像阿性別阿，再到主客觀唯心唯物問題，教他們思考，比直接教訓他們、規定他們好，讓他們辯論，自己找答案，總比以勵志文誤作美學文或文學文好，凡是美的陶養沒有速成，早一點打根基，我們的學生還會隨波逐流，出不了哲學家或美學家？

沒有宗教信仰的人，更需要哲學來思考人生，指導人生，如此才能不迷亂，這樣美學也會產生接近宗教的力量。

盡量美好的傳承

文學與藝術的傳承比國家與族群更為複雜，以新感覺派作家劉吶鷗來說，因他英年早逝，作為臺灣人的身世一直隱而不顯，而他是道道地地的臺灣南部人，出生於臺南柳營，卻精通英、日、法文，並能流利使用中文、廣東話與閩南語。他翻譯日文作品，以中文創作小說，他開書店、編雜誌、翻譯藝術、電影理論，同時寫影評、編劇、導演、拍電影，擔任南京政府機關報《國民新聞》社長，一九四〇年被暗殺死亡，年才三十五。他的跨國族、跨文化、跨界創作可說明那世代精英分子的多重身分與樣貌，你說他是臺灣人，不如說他是世界人。他的文學傳承有西洋、東洋、臺灣……，然新感覺派與海派的關係微妙，海派在臺灣也很複雜。

我與他的時間差正好五十年，半個世紀，他生於一九〇五，我一九五五，張愛玲是一九二〇，龍瑛宗一九一一，也就是文學的傳承是以三十到五十年，或者更久，而非以十年十年分，用生年分比作品更準確些，劉傳承的橫光利一，生於一八八九，時間差是十六年；張愛玲傳承的是《海上花列傳》，作者韓邦慶生於一八五六年，與張的時間差是六十六年；我與劉、張、龍的時間差分別是五十，三十五，四十四，文學是以這樣的方式承續著。

然而這些都是後知後覺，當時渾然不知。

四年級吸收的文學更為複雜，他們多數留洋，不留洋的也崇洋。閱讀的恰恰是劉吶鷗時代的作品兼及五四作家，他們的名字被藏在文學史與文學概論中，許多人只知其名而看不到作品，因為大多是禁書，越禁越想讀，我是在姊姊讀的政大東亞所圖書館讀到這些書，還有《人民日報》。這些讀物以換書皮或沒書皮的方式在文青中流傳；同時讀大量的西方翻譯經典與存在主義、再加上日本文學，主要是芥川龍之介與川端康成、三島由紀夫，因為我們特別地「崇洋媚外」，在檯面上的當然是傳統中國經典，我讀的中文系是以經學為主，完全沒有現代文學，穿長袍的老夫子提到白話文說是「洪水猛獸」。

非常壓抑的文學環境，讀的東西非常龐雜，想已超過劉吶鷗的時代，書讀太雜與讀太少同樣是無效，他們互相打架，彼此抵消，一個寫作者當時要對抗這些，只有讓自己變成洪水猛獸，回到宇宙洪荒。

因無可認同，事實上也無法選擇，寫得雖然早，然大多是空洞無物，我深度認同過的作家是赫曼．赫塞，他是德國人卻也是無國別的作家，當我開始寫作時，有個有靈視的詩人說出我的文章筆觸像他嚇我一跳，因時過十幾年，早已丟在一旁，我有他全套作品，並曾再三閱讀，但從沒想到這與寫作會有什麼關係。

文學與美學的傳承確實是超越時空以穿越之姿存在著。

在中文傳統上我也曾滿口古道西風，漢家陵闕，直到研究所時期才讀到日據時代的作品，那時想，這如何跟西方大家相比呢？後來到美國教書一年，回來正值解嚴後的政治與文學大爆發，走入田野也走入歷史，三十幾歲才補歷史課與政治課，同時作張愛玲與龍瑛宗研究與傳記，一是與劉吶鷗相似的世界人，一是跨兩個時代的作家，跟他們的心靈交會，於我是大補帖，也是接下一種傳承任務。

文學的傳承越廣自由度更高，越開放注意力會越集中，無論再怎麼無國界作家，他一生關注的主題或美學只有一個，信念也只有一個，你如果覺得有價值，可以接受也可拋開，一切是自由開放的。

然而不懂或不願懂就要講繞過或踩扁，只會顯現自身的淺薄與空洞，你真覺得踩在別人頭上出發會比較高或比較快嗎？過去有多少像這樣養小鬼的惡毒者栽跟頭或像露珠一樣蒸發，這樣的人還會少嗎？

那些怨毒著書者，或怨毒對人者，寫了一些對他人無益對自己無益的書，他們的認同與傳承都是有嚴重障礙的，或者是內心貧瘠空洞，才會將自卑化為自大，這在我的蒼白年代早已領略並深受其苦。

與其怨毒不如早點交班，或者你也沒東西可交，只有怨毒是真的，因為你什麼也不接受，不接受也就無傳承。

以三十到五十的時間差，那麼四年級的傳承者是七、八年級，或更遠，過去我們是什麼已不重要，最重要的是現在與未來，你能留給未來什麼樣的傳承？

有人說四年級是原罪與贖罪的世代，如果三年級是準存在主義年代，他們虛無而叛逆，富於理想性，同時引領鄉土文學運動；那麼四年級是後存在主義與後鄉土，也是民歌與團康時代，他們熱衷辦刊物，大量讀詩，享受過歲月靜好人世安穩，卻也是腦袋被洗白的年代，永遠有個老大哥陰影，自我檢查，他們的情欲是披荊斬棘，其實非常空虛饑餓，他們是特別戀家的一族，卻不自主地往國外留學移民，他們有歷史感，卻是前無古人後無來者，最後只剩家族與追憶，他們有時前衛去搞後設、顛覆，小劇場十年，四年級是主將，民歌也是，真的是愛好團康，有時後退到救國團青年，滿腦黨國春秋大義，就是一個矛盾的世代。

敢衝敢闖又有機運，通常真的搞出名堂來，半途殺出或搞失蹤的很多，四年級是最愛躲起來的一代，躲錢債、情債、口業、貪嗔癡……，修佛的特別多，罪孽深重啊！

能留在戰場上的不是特別強悍，就是特別淡漠，大風大浪沒見過，小風小浪倒不斷，走完全程的戒嚴體制，二二八、白色恐怖、黨外運動到解嚴、政黨轉移……，這樣完整的豪邁熱血政治布景，真正參與的不多，一滴血也沒流的為多數，卻是一個個收割到好田地好稻子。

像我這從臺灣南部尾端跑到頂端闖天下的小鎮女人，套句詩人朋友的話「一看就是個悲劇」，他第一眼看到我的照片與筆名沉靜就出此讖言，果然悲劇，安置到哪都格格不入，在臺北是外鄉人，在鄉土散文中也沒沾到邊，以前把我歸為學院閨閣派，後來走出家庭書寫跨性別又被稱為「惡女」，惡女還沒出頭的時候，七、八年級出來喊世代交替，四年級的原罪真是現世報，他們的孩子與學生都是七、八年級，一起聯手討債來著。

我的應對方式是交好與警醒，七年級較積極好鬥，他們現在已打出自己的天下，最麻煩的是八年級，表面上被動消極，骨子底卻好疑好知，傾向前者的是廢，但後者卻讓他們習慣成為自己的老師，這些特質跟四年級非常相似，說白了就是物質缺乏的孩子，只能往精神層面追求，自己找老師，而他們將是我最後的學生，他們或者欺師滅祖，我卻不能不格外疼惜。

他們成長於臺灣經濟走下坡的窘境，家庭多少有些財務或婚姻問題，因此單親的不少，多數靠學貸，一個月生活費壓縮到五千，還得靠打工賺時薪；還不過十幾年前，大學生一個月零用錢上萬的不少，許多人還有信用卡，拿名牌包上學，如今穿戴的是網路拍來的便宜貨，但他們很會估狗與看片子，有自己的品味，但就是缺乏自信。

他們讓我想到我們那個年代，大家都不富，也就不敢要太多，一樣是怯生生，知識與書本是唯一的救贖，如今是網路了，不同的是，我們啟蒙早，大多小學就看文學書，中學開始寫，大學都算慢的；而他們的文學啟蒙晚，大都是以動漫與奇幻小說度過青少年時期，但只要想做的事一定做到令人驚喜；我們都愛詩，跟六、七〇年代的文學氛圍很像，只要讓他們做他們想做的，他們是值得期待的。

我很少以幸福或不幸、成功或不成功、悲劇不悲劇來衡量事情，每個人都有自己的道路，我只是在走自己的道路，而且越來越不悲劇，就文學的交棒而言，應是個喜事。老師將棒子交給我，而我交給新世代，這是我此生的任務之一。

有棒可交還真該高興，但我能交的是什麼棒呢？每個人所學有限，我被歸為散文家雖是意外，但我半生努力確實在散文較多，臺灣能拿得出去的文學，美文應該是有的，我的七、八年級學生他們剛開始寫的並不一定是散文，如今看來還是寫散文的為多，楊富閔、周紘立、楊莉敏、楊隸亞、蔣亞妮、莫澄、林徹利、林牧民……，將來還會有幾個，美文的傳統我最用得到力，其他我顧不著了。

小說雖是我最早的志向，也是我最熟悉的文類，對我來說像是得不到的初戀最好，我沒放棄，是因為它值得我一生追求，可能也要費一生才能追求得到。

我到底是局內或局外人？好像是局內其實是局外，因為都只能在外圍看熱鬧，我曾參與黨外組織，兼同鄉會總幹事，與地下刊物主編，受學校、調查單位糾纏多年，剛要教書時被舉報思想有問題，那個舉報我，想必思想沒問題的同班同學如今身居要津，真是悲喜同劇啊！在寫作上奮鬥近二十年才受到一些注意，但也不是太多，而是恰恰好可過自己的日子，這裡面恰好存在一些審美距離，可以安安靜靜地寫字。

逃離臺北後，我才真正有自己的生活與認識，東海的環境是上天給我最大的福報，有些東海人則是我的逆增上緣，我在這裡跟那些躲起來或失蹤或修道的人差不多，差別只在我還繼續寫，而且越寫越多，一來是我的時間都是我的，我對時間很吝嗇，不太給人；再來我以書寫過著如苦行僧般的生活，每日固定幾百到一千，也可以說，我從來沒想過要成為什麼，林中就是我的樂土。

我們到底在追求什麼？或許是一種殘存的使命，上一輩人曾經給過我們許多，他們是懂得給予的一代，經過戰亂與流離，就算剩下最後一塊餅也要掰下一半送你，像我的師長們，以及私淑的幾個大師，他們曾無私的給予，我能學到的是有私的給予，回想這輩子，我為他人做的事大多成功，為自己做的事大多失敗，經驗告訴我，少想自己一點，多想別人一些，過得更如意。

交棒的時分應該笑，不應該流淚，因為酒店還未打烊，燈還亮著。

周芬伶作品集 6

美學課

作者	周芬伶
責任編輯	蔡佩錦
創辦人	蔡文甫
發行人	蔡澤玉
出版發行	九歌出版社有限公司 臺北市105八德路3段12巷57弄40號 電話／02-25776564・傳真／02-25789205 郵政劃撥／0112295-1
九歌文學網	www.chiuko.com.tw
印刷	晨捷印製股份有限公司
法律顧問	龍躍天律師・蕭雄淋律師・董安丹律師
初版	2016年4月
初版 2 印	2016年9月
定價	**340元**

書號	0111306
ISBN	978-986-450-055-0

（缺頁、破損或裝訂錯誤，請寄回本公司更換）

國家圖書館出版品預行編目資料

美學課 / 周芬伶. -- 初版.--
臺北市：九歌, 民105.2
288面 ；14.8×21公分. --（周芬伶作品集；6）

ISBN 978-986-450-055-0（平裝）

1.美學

180 105003644